"ධම්මෝ හි වාසෙට්ඨා, සෙට්ඨෝ ජනේතස්මිං
දිට්ඨේ චේව ධම්මේ, අභිසම්පරායේ ච."

වාසෙට්ඨයෙනි, මෙලොවෙහි ත්, පරලොවෙහි ත්
ජනයා අතර ධර්මය ම ශ්‍රේෂ්ඨ වෙයි !

- අග්ගඤ්ඤ සූත්‍රය - භාග්‍යවත් බුදුරජාණන් වහන්සේ

චතුරාර්ය සත්‍යාවබෝධයට ධර්ම දේශනා

නුවණ ලැබීමට මුල් වන දේ

පූජ්‍ය කිරිබත්ගොඩ ඤාණානන්ද ස්වාමීන් වහන්සේ

© සියලුම හිමිකම් ඇවිරිණි.

ISBN : 978-955-687-071-8

ප්‍රථම මුද්‍රණය : ශ්‍රී බු.ව. 2559 ක් වූ ඉල් මස පුන් පොහෝ දින

සම්පාදනය : මහමෙව්නාව භාවනා අසපුව
වඩුවාව, යටිගල්ඔළුව, පොල්ගහවෙල.
දුර : 037 2244602
info@mahamevnawa.lk | www.mahamevnawa.lk

පරිගණක අකුරු සැකසුම, පිටකවර නිර්මාණය සහ ප්‍රකාශනය :
මහාමේඝ ප්‍රකාශකයෝ
වඩුවාව, යටිගල්ඔළුව, පොල්ගහවෙල.
දුර : 037 2053300, 0773216685
mahameghapublishers@gmail.com

මුද්‍රණය : ලීඩ්ස් ග්‍රැෆික්ස් (පුද්.) සමාගම,
අංක 356 E, පන්නිපිටිය පාර, තලවතුගොඩ.

චතුරාර්ය සත්‍යාවබෝධයට ධර්ම දේශනා....

නුවණ ලැබීමට මුල් වන දේ

අලුත් දහම් වැඩසටහන

7

පූජ්‍ය කිරිබත්ගොඩ ඤාණානන්ද ස්වාමීන් වහන්සේ
විසින් පොල්ගහවෙල මහමෙව්නාව භාවනා අසපුවේ අලුත් දහම් වැඩසටහනේ දී සිදු කළ ධර්ම දේශනා ඇසුරිනි.

ප්‍රකාශනයකි

පෙළගැස්ම....

නමෝ තස්ස භගවතෝ අරහතෝ සම්මාසම්බුද්ධස්ස
ඒ භාග්‍යවත් අර්හත් සම්මා සම්බුදුරජාණන් වහන්සේට නමස්කාර වේවා!

උදේ වරුවේ ධර්ම දේශනය...

ශ්‍රද්ධාවන්ත පින්වත්නි,

අපි පසුගිය වැඩසටහන් වලදී පටිච්ච සමුප්පාදයේ හටගැනීම ගැන ඉගෙන ගත්තා. පටිච්ච සමුප්පාදය කියලා කියන්නේ මේ සංසාරේ ඉපිද ඉපිද මැරි මැරී යන්න හේතු භූත වෙච්ච කාරණා සකස් වෙන ආකාරය. ඒ කියන්නේ එක ආත්මෙක මනුස්සයෙක්. ඊළඟ ආත්මයේ පෙරේත ලෝකයේ. ඊළඟ ආත්මයේ තිරිසන් අපායේ. ඊළඟ ආත්මයේ නිරයේ. මෙහෙම යන අතරේ කලාතුරකින් තමයි අපට මනුස්ස ආත්මයක් ලැබෙන්නේ. මිනිස් ආත්මයක් ලැබුනත් අපි අපේ හිතේ තියෙන කෙලෙස් වලට අනුව වැඩ කරනවා මිසක් කිසි අවබෝධයකින් වැඩ කිරීමක් නෑ.

ඊට පස්සේ අපි ගෙවල් දොරවල් වලට බැඳිලා, එක්කෝ රාගයෙන් හරි ද්වේශයෙන් හරි මෝහයෙන් හරි ඇතිවෙච්ච වෙනත් ප්‍රශ්න වලට මැදි වෙලා මේකෙන් නිදහස් වෙන්නෙ නැතුව ඒකට ම ගොදුරු වෙලා මැරිලා යනවා. ඉතින් මෙහෙම යන ගමනේ අපට මේ විදිහටයි

ප්‍රශ්නය හැදෙන්නේ, මේ විදිහටයි ඒ ප්‍රශ්නය ලෙහෙන්නේ කියලා ඒ ප්‍රශ්නය නිවැරදිව අඳුනගත්තු කෙනෙකුට මිසක් ප්‍රශ්නය හඳුනගත්තේ නැති කෙනෙකුට මේක විසඳන්න බෑ.

ප්‍රඥාවන්තයින් විසින් අවබෝධ කළ ධර්මයක්....

බුදුරජාණන් වහන්සේ බෝධි මූලයේදී නිවැරදිව මේ ප්‍රශ්නය හඳුනගෙන ඒ ප්‍රශ්නය විසඳගත්තා. එහෙම විසඳගත්තු නිසා උන්වහන්සේට පුළුවන් වුනා තම ශ්‍රාවකයින්ට මේ ජීවිත ගැටලුව හටගන්නේ මෙහෙමයි කියලා විස්තර කරලා දෙන්න. මේ ජීවිත ගැටලුව විසඳෙන්නේ මෙහෙමයි කියලා විස්තර කරලා දෙන්න. ඒ කාලේ ඒ ධර්මය අහපු අයට ඒක අවබෝධ වුනේ නැත්නම් බුදුරජාණන් වහන්සේ ඇරුනු කොට මාර්ගඵල ලාභීන් කවුරුවත්ම බිහි වෙන්නේ නෑ.

උන්වහන්සේ දේශනා කරපු එක කිසි කෙනෙකුට වැටහිලා නැත්නම් සංඝ කියලා පිරිසක් බිහිවෙන්නේ නෑ. නමුත් උන්වහන්සේ දේශනා කරපු දේ අවබෝධ වෙච්ච නිසා පිරිසක් සෝවාන් වුනා. තව පිරිසක් සකදාගාමී වුනා. සකදාගාමී බවෙන් නොනැවතී තව පිරිසක් අනාගාමී වුනා. අනාගාමී බවෙන් නොනැවතී තව පිරිසක් රහත් ඵලයට පත්වුනා. ඒ කියන්නේ එහෙනම් උන්වහන්සේ දේශනා කරපු ධර්මය අන් අයට අවබෝධ වෙලා. එහෙනම් මේක කතාවකින්ම අවසන් වෙච්ච එකක් නෙමෙයි. මේක මේ ලෝකයේ ප්‍රඥාවන්ත අයට අවබෝධ වෙච්ච, තේරුණු, වැටහුනු දෙයක්.

සියලු බුදුවරුන්ගේ අවබෝධය සමානයි....

බුදුරජාණන් වහන්සේ අපට දේශනා කළා සියලු බුදුවරුන්ගේ අවබෝධය සමානයි කියලා. ඒකට හොඳම සාක්ෂිය තමයි මේ උන්වහන්සේ වදාරන සූත්‍ර දේශනාව. අපි මේ පටිච්ච සමුප්පාදය ගැන ඉගෙන ගත්තේ විපස්සී කියන සූත්‍ර දේශනාව ආශ්‍රයෙන්. ඒ කිව්වේ විපස්සී කියන බෝසතාණන් වහන්සේ පටිච්ච සමුප්පාදය මෙනෙහි කරපු හැටි. ඊළඟ සූත්‍රයේ තියෙන්නේ සිඛී බෝසතාණන් වහන්සේ පටිච්ච සමුප්පාදය මෙනෙහි කරපු හැටි. ඊළඟට තියෙන්නේ වෙස්සභූ බෝසතාණන් වහන්සේ පටිච්ච සමුප්පාදය මෙනෙහි කරපු හැටි. ඊළඟට තියෙන්නේ කකුසඳ බෝසතාණන් වහන්සේ පටිච්ච සමුප්පාදය මෙනෙහි කරපු හැටි. ඊළඟට තියෙන්නේ කෝණාගමන බෝසතාණන් වහන්සේ පටිච්ච සමුප්පාදය මෙනෙහි කරපු හැටි. ඊළඟට තියෙන්නේ කාශ්‍යප බෝසතාණන් වහන්සේ පටිච්ච සමුප්පාදය මෙනෙහි කරපු හැටි.

මෛත්‍රී බුදුරජාණන් වහන්සේත් මේ විදිහටයි අවබෝධ කරන්නේ....

ඊළඟට තියෙන්නේ ගෝතම සූත්‍රය. ඒකේ තියෙනවා "මහණෙනි, මමත් බුදු වෙන්න කලින් බෝසත්ව සිටිද්දි මේ විදිහටයි මෙනෙහි කළේ කියලා පටිච්ච සමුප්පාදය මෙනෙහි කරපු හැටි විස්තර කරනවා. එතකොට ඒ සියලුම බෝසත්වරු පටිච්ච සමුප්පාදය මෙනෙහි කරපු ආකාරය සමානයි. පටිච්ච සමුප්පාද නිරෝධය මෙනෙහි කරපු ආකාරයත් සමානයි. ඒකයි බුදුරජාණන් වහන්සේලාගේ අවබෝධය සමානයි කියන්නේ. අනාගතයේ බුදු වෙනවා

නම් මෛත්‍රී බෝසතාණන් වහන්සේ උන්වහන්සේත් බෝධි මූලයේදී පටිච්ච සමුප්පාදය මෙනෙහි කළයුත්තේ මේ විදිහටයි.

එතකොට ඒ බුදුරජාණන් වහන්සේලා මේ පටිච්ච සමුප්පාදය ගැන ශ්‍රාවකයන්ට දේශනා කරද්දි ශ්‍රාවක පිරිස් ඒක අහලා ඒ විදිහට මෙනෙහි කරන්න මහන්සි ගන්නවා. එතකොට ශ්‍රාවකයන්ටත් ඒක තේරෙන්න පටන් ගන්නවා. අපි කලින් වැඩසටහනේදි විස්තර කළා පටිච්ච සමුප්පාදය හටගත්තු හැටි. ඒ පටිච්ච සමුප්පාදය හටගත්තු හැටි උන්වහන්සේ බලන්න කිව්වේ කොතන ඉඳලද? ජරාමරණ වල ඉඳලා. අපට තියෙන සංවේදී ප්‍රශ්නය තමයි ජරාමරණ. මේ පටිච්ච සමුප්පාදය ඉගෙන ගත්තු එක්කෙනා ජරාමරණ දෙක හටගත්තේ ඇයි කියලා නුවණින් විමසද්දි එයාට උත්තරේ හම්බ වෙනවා ජරාමරණ හටගත්තේ ඉපදීම නිසා කියලා.

ක්ෂණයක් පාසා උපදිනවා.... මැරෙනවා....???

බුදුරජාණන් වහන්සේ මේ ඉපදීම ගැන, ජරාව ගැන, මරණය ගැන පැහැදිලිව විස්තර කරලා දීලා තියෙනවා ඉපදීම කියන්නේ මේකයි, ජරාව කියන්නේ මේකයි, මරණය කියන්නේ මේකයි කියලා. ඔබ අහලා ඇති සමහරු කියනවා ක්ෂණයක් පාසා උපදිනවා. ක්ෂණයක් පාසා මැරෙනවා කියලා. එහෙම ඒවා බුද්ධ දේශනාවේ නෑ. ඊළඟට බුදුරජාණන් වහන්සේ පෙන්වා දෙනවා ඒ බෝසතාණන් වහන්සේලා නුවණින් විමසන්න පටන් ගත්තා ඉපදෙන්නේ ඇයි කියලා. එතකොට ඒ ප්‍රශ්නයට

අපි කිසි කෙනෙකුට හොයාගන්න බැරි උත්තරේ හම්බ වුනා. මොකක්ද ඒ? භවය නිසා උපදිනවා කියලා.

ඊට පස්සේ ඊළඟ ප්‍රශ්නය හටගත්තා භවය හටගන්නේ ඇයි කියලා. එතකොට ඒකට උත්තරේ ලැබුනා උපාදාන නිසා භවය හටගන්නවා කියලා. ඊළඟට ඇතිවුනා උපාදාන ඇති වන්නේ ඇයි කියන ප්‍රශ්නය. එතකොට උත්තරේ ලැබුනා තණ්හාව නිසා උපාදානය ඇතිවෙනවා කියලා. ඇයි මේ තණ්හාව ඇතිවෙන්නේ කියන ප්‍රශ්නය ඊළඟට ඇතිවුනා. තණ්හාව කියන වචනය මං ඔබට තෝරලා දුන්නා. ආශ්වාදය ඇතිවෙන අරමුණු වලට සිත ඇදිලා යාම තමයි තණ්හාව කියන්නේ.

ආශ්වාදය ඇතිවෙන්නේ විඳීම ඔස්සේ....

ආශ්වාදය ඇතිවෙන්නේ ඇහැට පේන රූපයෙන් නම් සිත ඒ රූපයට ඇදිලා යනවා. ආශ්වාදය ඇතිවෙන්නේ ශබ්දයකට නම් සිත ඒ ශබ්දයට ඇදිලා යනවා. ආශ්වාදය ඇතිවෙන්නේ සුවඳකට නම් සිත ඒ සුවඳට ඇදිලා යනවා. ආශ්වාදය ඇතිවෙන්නේ රසයකට නම් සිත ඒ රසයට ඇදිලා යනවා. ආශ්වාදය ඇතිවෙන්නේ ස්පර්ශයට නම් සිත ඒ ස්පර්ශයට ඇදිලා යනවා. ආශ්වාදය ඇති වෙන්නේ හිතෙන් හිතන අරමුණු වලට නම් සිත ඒ අරමුණු වලට ඇදිලා යනවා. ඒක තමයි තණ්හාව.

ඒ විදිහට තණ්හාව ඇතිවුනහම තමයි ඒකට අහුවෙන්නේ. ග්‍රහණය වෙන්නේ. උපාදාන වෙන්නේ. එහෙනම් උපාදානය ඇතිවෙන්න හේතු වෙන්නේ තණ්හාව. මීළඟට බෝසතාණන් වහන්සේලාට ප්‍රශ්නයක් හටගත්තා තණ්හාව ඇතිවෙන්නේ මක් නිසාද කියලා.

එතකොට උත්තරේ ලැබුනා තණ්හාව හටගන්නේ විඳීම නිසා කියලා. මේ ඇස් කන් ආදී ආයතනයන්ට අරමුණු ස්පර්ශ වෙනකොට වින්දනයක් හටගන්නවා. එහෙනම් ආශ්වාදය කියන එක ඇතිවෙන්නේ විඳීම ඔස්සේ. ඔන්න ඒක අපි මේ ධර්මයෙන් ඉගෙන ගත්තා. විඳින නිසා මේ ආශ්වාදනීය අරමුණු වලට සිත ඇදිලා යනවා.

ස්පර්ශය හැම වෙලාවෙම සිද්ධ වෙමින් තියෙන එකක්....

එතකොට ඒ බෝසතාණන් වහන්සේ තුළ ඊළඟ ප්‍රශ්නය හටගත්තා ඇයි මේ විඳීම කියලා එකක් ඇතිවෙන්නේ කියලා. එතකොට උත්තරේ ලැබුනා ස්පර්ශය නිසයි මේක වෙන්නේ. ස්පර්ශය කිව්වේ කරුණු තුනක් එකතුවීම. ඇසයි රූපයයි විඤ්ඤාණයයි එකතු වුනහම ඒක තමයි ඇසේ ස්පර්ශය. කනයි ශබ්දයයි විඤ්ඤාණයයි එකතු වුනහම ඒක තමයි කනේ ස්පර්ශය. නාසයයි ගඳ සුවඳයි විඤ්ඤාණයයි එකතු වුනාම ඒක තමයි නාසයේ ස්පර්ශය. දිවයි රසයයි විඤ්ඤාණයයි එකතු වුනහම ඒක තමයි දිවේ ස්පර්ශය. කයයි පහසයි විඤ්ඤාණයයි එකතු වුනහම ඒක තමයි කයේ ස්පර්ශය. මනසයි අරමුණුයි විඤ්ඤාණයයි එකතු වුනහම ඒක තමයි මනසේ ස්පර්ශය. මේ ස්පර්ශය කියන එක අපේ ජීවිත තුළ හැම තිස්සේම සිද්ධ වෙවී තියෙන එකක්.

ඊළඟට මේ ස්පර්ශය ඇතිවෙන්නේ කුමක් නිසාද කියන ප්‍රශ්නය ඇතිවුනා. මොකක්ද ඒකට ලැබිච්ච උත්තරේ? ආයතන හය. ඇස, කන, නාසය, දිව, කය, මනස. බුදුරජාණන් වහන්සේ එක තැනක දේශනා කළා "මහණෙනි, ඇසේ යම් ඉපදීමක් ඇද්ද, ඒ දුකේ ඉපදීමයි.

කනේ යම් ඉපදීමක් ඇද්ද, ඒ දුකේ ඉපදීමයි. නාසයේ යම් ඉපදීමක් ඇද්ද, ඒ දුකේ ඉපදීමයි. දිවේ යම් ඉපදීමක් ඇද්ද, ඒ දුකේ ඉපදීමයි. ශරීරයේ යම් ඉපදීමක් ඇද්ද, ඒ දුකේ ඉපදීමයි. මනසේ යම් ඉපදීමක් ඇද්ද ඒ දුකේ ඉපදීමයි" කියලා. කොහේ උපන්නත් මේ ආයතන හය ඒ දුකේ ඉපදීම කියලයි බුදුරජාණන් වහන්සේ වදාළේ.

ආයෙ අපි අතරම උපදීවා.....

කවුරු හරි මැරුණහම අපි පතනවා නම් මෙයා ආයෙ අපි අතරම උපදීවා කියලා ඒ අපි පතන්නේ මොකක්ද? දුකමයි පතන්නේ. ඊළඟට ඒ බෝසතාණන් වහන්සේලාගේ ප්‍රඥාව මෝරන සිතේ මේ ආයතන හය හටගන්නේ මක් නිසාද කියන ප්‍රශ්නය ඇතිවුනා. එතකොට උත්තරේ ලැබුනා නාමරූප නිසා ආයතන හය ඇතිවෙනවා කියලා. ඊට පස්සේ නාමරූප ඇතිවන්නේ මක් නිසාද කියන ප්‍රශ්නය ඇතිවුනා. එතකොට උත්තරේ ලැබුනා විඤ්ඤාණය නිසා නාමරූප ඇතිවෙනවා කියලා.

ඊට පස්සේ ඊළඟ ප්‍රශ්නෙ හටගත්තා විඤ්ඤාණය හටගන්නේ මක් නිසාද කියලා. එතකොට ඒකට උත්තරේ ලැබුනා විඤ්ඤාණය හටගන්නේ සංස්කාර නිසා කියලා. ඊට පස්සේ හටගත්තා සංස්කාර හටගන්නේ මක් නිසාද කියන ප්‍රශ්නය. එතකොට උත්තරේ ලැබුනා අවිද්‍යාව නිසා සංස්කාර හටගන්නවා කියලා. ඔන්න ප්‍රහේලිකාව විසඳුනා.

දුකේ හටගැනීම.....

විසඳුනාට පස්සේ උන්වහන්සේ දේශනා කරනවා අවිද්‍යාව නිසා සංස්කාර හටගනී. සංස්කාර නිසා

විඤ්ඤාණය හටගනී. විඤ්ඤාණය නිසා නාමරූප හටගනී. නාමරූප නිසා සළායතන හටගනී. සළායතන නිසා ස්පර්ශය හටගනී. ස්පර්ශය නිසා විඳීම හටගනී. විඳීම නිසා තණ්හාව හටගනී. තණ්හාව නිසා උපාදාන හටගනී. උපාදාන නිසා භවය හටගනී. භවය නිසා ඉපදෙයි. ඉපදීම නිසා ජරාමරණ සෝක වැළපීම් දුක් දොම්නස් සුසුම් හෙළීම් සියල්ල හටගනී.

සමුදයෝ සමුදයෝති ඛෝ භික්ඛවේ විපස්සිස්ස බෝධිසත්තස්ස මහණෙනි, මේක තමයි දුක හටගැනීම, මේක තමයි දුක හටගැනීම කියලා විපස්සී බෝසතාණන් වහන්සේට පෙර නොඇසූ විරූ ධර්මයන්හි **චක්ඛුං උදපාදි.** දහම් ඇස පහළ වුනා. **ඤාණං උදපාදි.** ඤාණය පහළ වුනා. **පඤ්ඤා උදපාදි.** ප්‍රඥාව පහළ වුනා. **විජ්ජා උදපාදි.** විද්‍යාව පහළ වුනා. **ආලෝකෝ උදපාදි.** ආලෝකය පහළ වුනා.

එතනින් නවතින්නෙ නෑ....

එතකොට ඔන්න මහ බෝසතාණන් වහන්සේලාට බෝධි මූලයේදී සම්පූර්ණයෙන්ම අවබෝධ වෙනවා පටිච්ච සමුප්පාදය හටගන්නා ආකාරය. හැබැයි එතනින් නවතින්නෙ නෑ. පටිච්ච සමුප්පාදය නිරුද්ධ වෙන ආකාරයත් අවබෝධ වෙනවා. එතකොට තමයි ඒ අවබෝධය පරිපූර්ණ වෙන්නේ. ඊට පස්සේ බෝසතාණන් වහන්සේට මෙහෙම හිතුනා. **කිම්හි නු ඛෝ අසති ජරාමරණං න හෝති.** ජරාමරණ නැති වන්නේ කුමක් නැති වුනහමද? **කිස්ස නිරෝධා ජරාමරණ නිරෝධෝ.** කුමක් නිරුද්ධ වීමෙන්ද ජරාමරණ නිරුද්ධ වන්නේ?

කලින් ආපු ප්‍රශ්නය ජරාමරණ හටගන්නේ කුමක් තිබුනොත්ද? කියන එක. ඊට පස්සේ හටගත්ත ප්‍රශ්නය ජරාමරණ නැති වන්නේ කුමක් නැත්නම්ද? කියන එක. අන්න බලන්න නුවණැත්තෙක් කල්පනා කරන්න ඕන විදිහ. එතකොට විපස්සී බෝසතාණන් වහන්සේට නුවණින් මෙනෙහි කරද්දී **යෝනිසෝ මනසිකාරා අහු පඤ්ඤාය අභිසමයෝ.** ප්‍රඥාවෙන් අවබෝධ වුනා. **ජාතියා ඛෝ අසති ජරාමරණං න හෝති.** ඉපදීම නැත්නම් ජරාමරණ නැත්තේය. **ජාති නිරෝධා ජරාමරණ නිරෝධෝ.** ඉපදීම නිරුද්ධ වීමෙන් ජරාමරණ නිරුද්ධ වෙයි.

උපදින්නේ චුති සිත නිසා නෙමෙයි....

එහෙනම් අපිට මේ දුකෙන් නිදහස් වෙන්න යම් කැමැත්තක් ඇද්ද, යම් බලාපොරොත්තුවක් ඇද්ද, මේ බලාපොරොත්තුව සම්පූර්ණයෙන්ම ඉෂ්ට වෙන්නේ ඉපදීම නිරුද්ධ වෙච්ච දවසට. ඊළඟට විපස්සී බෝසතාණන් වහන්සේ කල්පනා කළා "කුමක් නැත්නම් ඉපදීම නැත්ද? කුමක් නිරුද්ධ වීමෙන්ද ඉපදීම නිරුද්ධ වෙන්නේ?" කියලා. එතකොට උත්තරේ හම්බ වුනා. භවයක් නැත්නම් ඉපදීමක් නැත්තේය. එතකොට ඉපදීම තියෙන්නේ කුමක් තිබුනොත්ද? භවය තිබුනොත්.

එහෙනම් චුති සිත නිසා උපදිනවා නෙමෙයි. භවය තිබුනොත් උපදිනවා. භවය නැත්නම් ඉපදීම නෑ. **භව නිරෝධා ජාති නිරෝධෝ.** භවය නිරුද්ධ වීමෙන් ඉපදීම නිරුද්ධ වෙනවා. ඊළඟට බෝසතාණන් වහන්සේ නුවණින් විමසන්න පටන් ගත්තා "භවය නැතිවන්නේ කුමක් නැති වීමෙන්ද? භවය නිරුද්ධ වන්නේ කුමක්

නිරුද්ධ වීමෙන්ද?" කියලා. එතකොට උන්වහන්සේට ප්‍රඥාවෙන් අවබෝධ වුනා "උපාදාන නැත්නම් භවයක් නෑ. උපාදාන නිරුද්ධ වීමෙන් භවය නිරුද්ධ වෙයි" කියලා.

උපමාවෙන් තේරුම් ගන්න....

ඊළඟට "උපාදාන නැතිවෙන්නේ කුමක් නැතිවීමෙන්ද?" කියන ප්‍රශ්නය හටගත්තා. ඒකට මොකක්ද ලැබිච්ච උත්තරේ? තණ්හාව නැතිකල්හි උපාදාන නැත්තේය. තණ්හාව නිරුද්ධ වීමෙන් උපාදාන නිරුද්ධ වෙයි. උදාහරණයක් හැටියට අපි ගනිමු ඔන්න අපිට ඉඩමක් තියෙනවා. මේ ඉඩමේ අපි හරි ආසාවෙන් මල් වර්ග හිටවලා, පළතුරු ගස් වවලා ලස්සනට තියන් ඉන්නවා. ඔන්න දවසක් උදේ ඇහැරිලා බලද්දි අපි ආස කරපු මල් පැලේ හොරු උගුල්ලන් ගිහිල්ලා. එතකොට අපේ හිතට සතුටක් ඇතිවෙනවද? නෑ. ඊටපස්සේ මොකක්ද වෙන්නේ? 'කවුද දන්නෙ නෑ මේක ගෙනිච්චේ. මුන්ට වවාගන්න බැරිද? ඇයි මේ අපි වවපු එක අරන් යන්නේ' කියලා බැන බැන ඉන්නෙ නැද්ද?

ඔන්න මොකක් හරි ප්‍රශ්නයක් වෙලා අපි මේ ඉඩම විකුණනවා. විකුණලා පස්සේ කාලෙක අපි ඒ ඉඩම ඉස්සරහින් යනකොට අලුතින් ඒ ඉඩම ගත්තු අයිතිකාරයෝ අපි ආදරයෙන් වවපු ගස් ඔක්කොම උදුරනවා අපිට පේනවා. එතකොටත් අපි අර කලින් වගේ සෝක කරනවද? නෑ. ද්වේශය එනවද? නෑ. ඇයි ඒ? ඒ ඉඩම කෙරෙහි අපට යම් ආසාවක් තිබුනද ඒ ආසාව අපි අතඇරලා. ඊට පස්සේ ඒගොල්ලෝ ඒ ගේත් මට්ටම්

කරලා අලුතින් හදනවා එකක්. එතකොටත් අපිට ගානක් නෑ.

ස්පර්ශයක් නැත්නම් විඳීමක් නෑ....

එහෙනම් බැඳීමක් තියෙනකම් තමයි අපි ඒ ගැන සෝක කර කර හිටියේ. එහෙනම් තණ්හාව තිබුනොත් තමයි උපාදාන තියෙන්නේ. තණ්හාව නැත්නම් උපාදාන නෑ. තණ්හාව නිරුද්ධ වීමෙන් උපාදාන නිරුද්ධ වෙනවා. ඊළඟට "තණ්හාව නැත්තේ කුමක් නැතිකල්හිද? කුමක් නිරුද්ධ වීමෙන්ද තණ්හාව නිරුද්ධ වෙන්නේ?" කියන ප්‍රශ්නය හටගත්තා. මොකක්ද ඒකට ආපු උත්තරේ? විඳීම නැති කල්හි තණ්හාව නැත්තේය. විඳීම නිරුද්ධ වීමෙන් තණ්හාව නිරුද්ධ වෙයි.

ඊට පස්සේ ආපු ප්‍රශ්නය මොකක්ද? "කුමක් නැති කල්හි විඳීම නැත්තේද? කුමක් නිරුද්ධ වීමෙන් විඳීම නිරුද්ධ වෙයිද?" හොඳට මතක තියාගන්න මේ හැම එකකටම දෙවිදිහකට උත්තරේ තියෙනවා. **ඵස්සේ ඛෝ අසති වේදනා න හෝති.** ස්පර්ශය නැතිකල්හි විඳීමක් නැත්තේය. **ඵස්ස නිරෝධා වේදනා නිරෝධෝ.** ස්පර්ශය නිරුද්ධ වීමෙන් විඳීම නිරුද්ධ වෙයි. අර එකක් එකක් ගානේ මේ ක්‍රමයට ම අපි කියන්න ඕන. ඒක තමයි බුදුරජාණන් වහන්සේ අපට ධර්මය උගන්නපු ක්‍රමය. පටිච්ච සමුප්පාද සමුදය ගැන කියද්දිත් දෙවිදිහකට කියනවා. අපි ගත්තොත් **ඵස්ස පච්චයා වේදනා** කියන එක, 'ස්පර්ශය ඇති කල්හි විඳීම ඇත. ස්පර්ශය හටගැනීමෙන් විඳීම හටගනී' අන්න ඒ විදිහට අනිත් ප්‍රත්‍යය හැම එකක් ගැනම විස්තර වෙනවා.

බුදුවරුන්ගේ විස්මිත ප්‍රඥාව....

ඊළඟට බෝසතාණන් වහන්සේලා නුවණින් විමසුවා "ස්පර්ශය ඇතිනොවන්නේ කුමක් නැති කල්හිද? ස්පර්ශය නිරුද්ධ වන්නේ කුමක් නිරුද්ධ වීමෙන්ද?" කියලා. එතකොට උන්වහන්සේලාට ප්‍රඥාවෙන් අවබෝධ වුනා. "සළායතන නැතිකල්හි ස්පර්ශය නැත්තේය. සළායතන නිරුද්ධ වීමෙන් ස්පර්ශය නිරුද්ධ වෙයි" කියලා. ඊට පස්සේ ප්‍රශ්නයක් ඇතිවෙනවා "කුමක් නැති කල්හිද සළායතන නැත්තේ? කුමක් නිරුද්ධ වීමෙන්ද සළායතන නිරුද්ධ වන්නේ?" කියලා. එතකොට උත්තරේ හම්බ වෙනවා "නාමරූප නැති කල්හි සළායතන නැත්තේය. නාමරූප නිරුද්ධ වීමෙන් සළායතන නිරුද්ධ වෙයි කියලා. ඊළඟ ප්‍රශ්නය මොකක්ද? "නාමරූප ඇති නොවන්නේ කුමක් නැති කල්හිද? කුමක් නිරුද්ධ වීමෙන්ද නාමරූප නිරුද්ධ වන්නේ?" ඒකට උත්තරේ මොකක්ද? "විඤ්ඤාණය නැති කල්හි නාමරූප නැත්තේය. විඤ්ඤාණය නිරුද්ධ වීමෙන් නාමරූප නිරුද්ධ වෙයි" කියන එක.

ඊළඟ ප්‍රශ්නය තමයි "විඤ්ඤාණය ඇති නොවන්නේ කුමක් නැති කල්හිද? විඤ්ඤාණය නිරුද්ධ වන්නේ කුමක් නිරුද්ධ වීමෙන්ද?" පිළිතුර තමයි " සංස්කාර නැති කල්හි විඤ්ඤාණය නැත්තේය. සංස්කාර නිරුද්ධ වීමෙන් විඤ්ඤාණය නිරුද්ධ වෙයි". ඊළඟට විපස්සී බෝසතාණන් වහන්සේ නුවණින් විමසුවා සංස්කාර නැතිවන්නේ කුමක් නැතිවීමෙන්ද? කියලා. එතකොට උන්වහන්සේට අවබෝධ වුනා අවිද්‍යාව නැතිවීමෙන් සංස්කාර නැතිවෙයි කියලා. ඒ කියන්නේ

අවිද්‍යාව සම්පූර්ණයෙන්ම නිරුද්ධ වෙනකොට සංස්කාර නිරුද්ධ වෙලා යනවා.

පටිච්ච සමුප්පාද නිරෝධය....

එතකොට විපස්සී බෝසතාණන් වහන්සේ කල්පනා කළා මෙසේ අවිද්‍යාව නිරුද්ධ වීමෙන් සංස්කාර නිරුද්ධ වෙයි. සංස්කාර නිරුද්ධ වීමෙන් විඤ්ඤාණය නිරුද්ධ වෙයි. විඤ්ඤාණය නිරුද්ධ වීමෙන් නාමරූප නිරුද්ධ වෙයි. නාමරූප නිරුද්ධ වීමෙන් සළායතන නිරුද්ධ වෙයි. සළායතන නිරුද්ධ වීමෙන් ස්පර්ශය නිරුද්ධ වෙයි. ස්පර්ශය නිරුද්ධ වීමෙන් විඳීම නිරුද්ධ වෙයි. විඳීම නිරුද්ධ වීමෙන් තණ්හාව නිරුද්ධ වෙයි. තණ්හාව නිරුද්ධ වීමෙන් උපාදාන නිරුද්ධ වෙයි. උපාදාන නිරුද්ධ වීමෙන් භවය නිරුද්ධ වෙයි. භවය නිරුද්ධ වීමෙන් ඉපදීම නිරුද්ධ වෙයි. ඉපදීම නිරුද්ධ වීමෙන් ජරාමරණ සෝක වැලපීම් දුක් දොම්නස් සුසුම් හෙළුම් සියල්ලම නිරුද්ධ වෙයි. මෙසේ සියලු දුක්ඛස්කන්ධයේ නිරෝධය ඇතිවෙයි.

අවිද්‍යාව දුරු වුනා. විද්‍යාව පහළ වුනා....

එතකොට ඒ විපස්සී බෝසතාණන් වහන්සේට මේ විදිහට දුක නිරුද්ධ වීම ගැන අවබෝධ වුනහම **'නිරෝධෝ නිරෝධෝ'** මේ විදිහටයි මේ දුක නිරුද්ධ වෙන්නේ, මෙහෙමයි දුක නිරුද්ධ වෙන්නේ කියලා උන්වහන්සේට පෙර නොඇසූ විරූ ධර්මයන්හි දහම් ඇස පහළ වුනා. ඥාණය පහළ වුනා. ප්‍රඥාව පහළ වුනා. විද්‍යාව පහළ වුනා. ආලෝකය පහළ වුනා. එතකොට ඒ

විදිහට පටිච්ච සමුප්පාදය හටගැනීමත් අවබෝධ වෙනවා. පටිච්ච සමුප්පාදයේ නිරුද්ධ වීමත් අවබෝධ වෙනවා.

එහෙනම් ශ්‍රාවක වූ අපිත් මේ පටිච්ච සමුප්පාදය හටගන්නා ආකාරයත් නිරුද්ධ වෙන ආකාරයත් දෙකම ඉගෙනගත යුතුයි. පටිච්ච සමුප්පාදය හටගන්න ආකාරයත් පටිච්ච සමුප්පාදය නිරුද්ධ වෙන ආකාරයත් දෙකම දැනගත්තොත් තමයි එයා පටිච්ච සමුප්පාදය ඉගෙන ගත්තා කියලා කියන්නේ. නැත්නම් සමහරු 'සංස්කාර කියන්නේ අරවද? සංස්කාර කියන්නේ මෙච්චද? විඤ්ඤාණය කියන්නේ අරකද? විඤ්ඤාණය කියන්නේ මේකද?' කිය කිය මහා පුහු ප්‍රශ්න වල පැටලි පැටලි ඉන්නවා අර්ථය ගන්නෙ නැතුව. අර්ථය ගන්නෙ නැතුව පැටලි පැටලි ඉන්න එක කෙනෙකුට නිකම් කටගැස්මක් වගේ තියෙයි. නමුත් කිසි දවසක ඒක අවබෝධයක් කරා යන්නෙ නෑ.

මේක හරියට තේරුම් ගත්තොත්....

මේ පටිච්ච සමුප්පාදය හරියට තේරුම් ගත්තොත් ඒකේ ප්‍රතිඵලය තමයි කුසල් හඳුනගැනීමත් අකුසල් හඳුනගැනීමත්. එයා සත්පුරුෂයෙක් වෙන්නේ එතනින්. අපි කියමු අපි පටිච්ච සමුප්පාදය කටපාඩමින් දන්නවා කියලා. අපි ඒක ඔහේ එක එක විදිහට තෝර තෝර ඉන්නවා. නමුත් වැටහුනේ නැත්නම් මොකක්ද වැටහිලා නැත්තේ? කුසලයත් අකුසලයත්. පටිච්ච සමුප්පාදය හරි විදිහට තේරුනොත් එයා තේරුම් ගන්නේ මොකක්ද? කුසලයත් තේරුම් ගන්නවා. අකුසලයත් තේරුම් ගන්නවා.

'මේක හේතු නිසා හැදි හැදී යන එකක් නම් අපි අකුසලයක් කළොත් ඒ අකුසලයට අනුවනේ මේක හැදි හැදී යන්නේ. එහෙනම් අකුසල් කිරීම භයානක එකක්' කියලා තේරෙන්න ඕන. ඒකට තමයි පටිච්ච සමුප්පාදය තේරුනා කියන්නේ. කුසලයක් කළා නම් ඒ කුසලය තමයි පටිච්ච සමුප්පාදය තුළ හැදි හැදී යන්නේ. විඤ්ඤාණය සකස් වෙවී යනවා පිනට නැඹුරු වෙලා. අපි ඉස්සරහට මේවා ඉගෙන ගන්නවා තව. බුදුරජාණන් වහන්සේ නිතර නිතර ශ්‍රාවකයන්ට දේශනා කළා "මහණෙනි, මේ පටිච්ච සමුප්පාදය ඉගෙන ගන්න" කියලා.

බාහිර දෘෂ්ටිවලට යන එකෙන් වළකිනවා....

පටිච්ච සමුප්පාදය ඉගෙන ගැනීමෙන් තමයි අපි සම්පූර්ණයෙන්ම බාහිර දෘෂ්ටි වලට යන එකෙන් වළකින්නේ. දැන් බලන්න බුදුරජාණන් වහන්සේ මේ පච්චය කියන සූත්‍රයේදී දේශනා කරනවා "මහණෙනි, ඔබට පටිච්ච සමුප්පාදය කියාදෙන්නෙමි. එය අසන්න. හොඳින් මෙනෙහි කරන්න" කියලා. පටිච්ච සමුප්පාදය කිව්වේ මේ න්‍යාය. මොකක්ද න්‍යාය? ඉපදීම තිබුනොත් ජරාමරණ තියෙනවා. භවය තිබුනොත් ඉපදීම තියෙනවා. උපාදාන තිබුනොත් භවය තියෙනවා.

තෘෂ්ණාව තිබුනොත් උපාදාන තියෙනවා. විඳීම තිබුනොත් තණ්හාව තියෙනවා. ස්පර්ශය තිබුනොත් විඳීම තියෙනවා. ආයතන හය තිබුනොත් ස්පර්ශය තියෙනවා. නාමරූප තිබුනොත් ආයතන හය තියෙනවා. විඤ්ඤාණය තිබුනොත් නාමරූප තිබෙනවා. සංස්කාර තිබුනොත් විඤ්ඤාණය තිබෙනවා. අවිද්‍යාව තිබුනොත් සංස්කාර තිබෙනවා. ඒක තමයි පටිච්ච සමුප්පාදය.

පටිච්ච සමුප්පාදයෙන් හටගත්තු දේ (පටිච්ච සමුප්පන්න) මොනවද? ජරාමරණ, ඉපදීම, භවය, උපාදාන, තණ්හාව, විඳීම, ස්පර්ශය, ආයතන හය, නාමරූප, විඤ්ඤාණය, සංස්කාර, අවිද්‍යාව. ඒවා පටිච්ච සමුප්පාදයෙන් හටගත්තු දේ.

බුදුවරු පහළ වුනත් නොවුනත් මේ ලෝකයේ පවතින ස්වභාවය....

බුදුරජාණන් වහන්සේ විස්තර කරනවා "**කතමෝ ච භික්ඛවේ, පටිච්ච සමුප්පාදෝ**" 'මහණෙනි, පටිච්ච සමුප්පාදය යනු කුමක්ද?' **ජාති පච්චයා භික්ඛවේ ජරාමරණං.** ඉපදීම නිසා ජරාමරණ හටගනී. ඒක තමයි පටිච්ච සමුප්පාදය. **උප්පාදා වා තථාගතානං අනුප්පාදා වා තථාගතානං** තථාගතවරු පහළ වුනත් තථාගතවරු පහළ නොවුනත්. **ඨිතාව සා ධාතු** මේ ලෝක ස්වභාවය තියෙනවා. **ධම්මට්ඨිතතා.** මේක තමයි හේතුඵල ධර්මයන්ගේ පැවැත්ම. **ධම්මනියාමතා** හේතුඵල ධර්මයන් වැඩ කරන විදිහ. **ඉදප්පච්චයතා** මේ හේතුවෙන් මේ ඵලය හටගනී කියන ස්වභාවය.

බුදුවරු මේක අවබෝධ කරනවා....

එතකොට මේ හේතුවෙන් මේ ඵලය හටගනී කියන ස්වභාවය, මේ රටාව, මේ හේතුඵල දහමේ තියෙන නීතිය, මේ ධර්මස්වභාවය, බුදුවරයෙක් පහළ වුනත් තියෙනවා. බුදුවරයෙක් පහළ වුනේ නැතත් තියෙනවා. **තං තථාගතෝ අභිසම්බුජ්ඣති** අන්න ඒ ස්වභාවය තථාගතයන් වහන්සේ අවබෝධ කරනවා.

අභිසමේති විශේෂයෙන් අවබෝධ කරනවා. පැහැදිලිව අවබෝධ කරනවා. අවබෝධ කරලා **ආචික්ඛති** කියනවා. **දේසේති** දේශනා කරනවා. **පඤ්ඤපේති** පණවනවා. **පට්ඨපේති** පිහිටුවනවා. **විවරති** විවර කරලා දෙනවා. **විභජති** බෙදලා පෙන්වනවා. **උත්තානීකරෝති** ඉස්මතු කරනවා. **පස්සථාති චාහ** මේක දකිව් කියලා කියනවා. ඔන්න බුදුවරු කරන එක.

අපලයක් නිසා වෙන්න ඇති....

එතකොට බුදුරජාණන් වහන්සේලා ඉපදීම නිසා ජරාමරණ හටගන්නවා කියන පටිච්ච සමුප්පාදය අවබෝධ කරනවා. අවබෝධ කරලා මේක ශ්‍රාවකයන්ට විස්තර විභාග වශයෙන් බෙද බෙදා පෙන්වා දෙනවා. පෙන්වා දීලා **පස්සථාති චාහ** ජරාමරණ හටගන්නේ ඉපදීම නිසා කියලා මේක මේ විදිහට දකිව් කියනවා. ජරාමරණ හටගන්නේ ගිරහයෝ නරක් වෙලා නෙමෙයි. කේතු ලබලා, රාහු ලබලා නෙමෙයි. එහෙමනේ අද අපේ රටේ බුද්ධාගම්කාරයෝ හිතන්නේ.

කවුරුහරි මැරුණහම කියන්නේ 'අපලයක් වෙන්න ඇති... ගිරහයෝ නරක් වෙලා වෙන්න ඇති....' කියලයි. ඒ නරක් වෙච්ච ගිරහයෝ සනීප කළා නම්, එහෙනම් ඒ කියන හැටියට කවදාවත් මැරෙන්නෙ නැහැනේ. ගිරහයන්ට කිපෙන කිපෙන වෙලාවට පූජාවන් තිබ්බා නම් ඔක්කොම ෂේප් නේ. එහෙම වෙන්නෙ නෑ. එහෙම හිතන කෙනාට කිසි දවසක බුදු කෙනෙකුගේ ධර්මයෙන් ප්‍රයෝජනයක් නෑ. බුදු කෙනෙකුගේ ධර්මයෙන් ප්‍රයෝජන තිබෙන්නේ නුවණැත්තන්ටයි.

ප්‍රඥාවන්තයන්ට ගෝචර වූ ධර්මයක්....

බුදුරජාණන් වහන්සේ දේශනා කළා නේද **පඤ්ඤාවන්තස්ස අයං ධම්මෝ.** මාගේ ධර්මය ප්‍රඥාවන්තයාටයි. **නායං ධම්මෝ දුප්පඤ්ඤස්ස.** මේ ධර්මය තියෙන්නේ දුෂ්ප්‍රාඥයාට නොවෙයි කියලා. ජරාමරණ කියන්නේ අපට හැම තිස්සේම පේන දෙයක්. මේ ජරාමරණ වලට මූණ දෙන්නේ මිනිස්සු විතරක් නෙමෙයි. සියලු සත්වයෝ මූණ දෙනවා. ඒ අතරේ අපට පේනවා තිරිසන්ගත සත්වයෝ මිනිස්සුන්ටත් වඩා වේගයෙන් ජරාමරණ වලට පත්වෙන ආකාරය.

තිරිසන් සතෙක් ජරාමරණ වලට පත්වුනත්, මනුස්සයෙක් ජරාමරණ වලට පත්වුනත් ඒ සෑම අවස්ථාවක් ම එයාට උරුම වෙන්නේ මක් නිසාද? ඉපදීම නිසා. ඒ මොකද හේතුව? ඒ ධාතු ස්වභාවය බුදුවරයෙක් පහළ වුනත් නැතත් තියෙනවා. බුදුවරයෙක් පහළ වෙලා කියනකම් ම මේ මිනිස්සුන්ගේ හිතට යන්නෙ නෑ ඉපදීම නිසා මැරෙනවා කියලා. අපේ හිතෙත් තිබුනෙ නෑ නේද ඇත්තම කියනවා නම්? අපි ගිරව් වගේ බුද්ධං සරණං ගච්ඡාමි කිය කිය හිටියට ඉපදීම නිසා මැරෙනවා කියන බුදුරජාණන් වහන්සේ අවබෝධ කරපු ධර්මතාවය අපට තේරිලා තිබුනෙ නැනේ. කොහේ මැරුණත් මොන වයසේ මැරුණත් මැරෙන්නේ ඉපදිච්ච නිසානේ.

ලෝකයේ සදාකල් පවතින ධර්මතාවය....

ඊළඟට උන්වහන්සේ දේශනා කරනවා **භව පච්චයා භික්ඛවේ ජාති.** මහණෙනි, මේ ඉපදීම යනු භවය නිසා හටගත් දෙයකි. අපට බිත්තර අස්සෙන්

සත්වයෝ උපදිනවා පේනවා. කුණු කාණු වල සත්වයෝ උපදිනවා පේනවා. වතුරේ උපදිනවා පේනවා. වැසිකිළි වලේ උපදිනවා පේනවා. මව්කුසේ උපදිනවා පේනවා. පෙනුනට අපිට මතක් වෙනවද භවය නිසා නොවැ මේ උපදින්නේ කියලා? නැනේ. බුදුරජාණන් වහන්සේ දේශනා කරනවා මහණෙනි, තථාගතයන් වහන්සේලා පහළ වුනත් නැතත් භවය නිසා තමයි උපදින්නේ. ඒක ඒ ධාතු ස්වභාවය. **ඨිතාව සා ධාතු.** ඒ ලෝක ස්වභාවය තියෙනවා. **ධම්මට්ඨිතතා.** ඒක තමයි ධර්ම ස්වභාවය. ධර්මයේ පැවැත්ම. **ධම්ම නියාමතා.** ඒක තමයි හේතුප්‍රත්‍ය ධර්මයන්ගේ වැඩ කරන නියාමය. ඒ කියන්නේ ඒක තමයි ඒකේ තියෙන නීතිය.

ඉරේ නීතිය....

දැන් අපි ගත්තොත් ඉරේ නීතිය තමයි නැගෙනහිරින් හිරු නැගීම. බටහිරින් බැසීම. එතකොට හැම තිස්සෙම ඉර නැගීම බැසීම සිද්ධ වෙන්නේ ඒ නීතියට නේද? ඒ වගේ යමෙක් උපදිනවා නම් ඉපදීමේ නීතිය මොකක්ද? භවයයි. භවය නිසා තමයි උපදින්නේ. අපට මේක දැන් නොවැටහෙන්න පුළුවනි. නමුත් මේක තමයි වෙන ක්‍රමය. භවය කියන්නේ මේකයි, ඉපදෙනවා කියන්නේ මේකයි කියලා මේ එකක් ගානේ අපි තෝරලා දුන්නා කලින්.

එතකොට බුදුරජාණන් වහන්සේලා භවය නිසා උපදිනවා කියන කාරණය අවබෝධ කරලා ශ්‍රාවකයින්ට කියාදෙනවා. විස්තර කරලා දෙනවා. ඉස්මතු කරලා දෙනවා. **පස්සථාති චාහ.** මේ ස්වභාවය මෙහෙමයි වෙන්නේ කියලා නුවණින් දකිව් කියනවා. ඉස්සෙල්ලම

අපිට නුවණින් දකින්න කිව්වේ මොකක්ද? ඉපදුනු නිසා ජරාමරණ ඇතිවෙයි කියලා නුවණින් දකිව් කිව්වා.

පටන් ගන්න ඕනෙ ජරාමරණ වලින්....

ඒක නුවණින් දකිනකම් ඉතුරු ඒවා දකින්න නුවණ ලැබෙන්නෙ නෑ. ඇයි නුවණ පටන් ගන්න එපැයි මොකක් හරි කොනකින්. බීජයක් නැත්නම් මුල් ඇදලා පැළවෙන්නේ නැනේ. ඒ වගේ මේ මුල අවබෝධ වුනේ නැත්නම්, ඒ මුලම සිද්ධිය දාලා නම් ගිරහයන්ට, එක්කෝ මොකක්හරි වෙන දේකට දාලා නම්, 'කරුමෙ වෙන්න ඇති. මෙයා මේ අඩු ආයුසෙන් ගියා' මෙහෙම කිය කිය ඉන්නකොට ඊටපස්සේ එයාට කතා කරන්න දෙයක් නෑ. ඇයි ප්‍රඥාවට මාර්ගයක් නෑ. නුවණ විවෘත වෙන්න මාර්ගයක් නෑ. නුවණ විවෘත වෙන්න මාර්ගයක් නැති වුනාට පස්සේ අර මෝඩකමින්ම එයා ජීවිතය ගෙවන්න ඕනේ. මෝඩකමින් ම මැරිලා යන්න ඕනෙ. ඊට වඩා දෙයක් නෑ.

කොයි විදිහට උපන්නත් භවය නිසයි උපදින්නේ....

එතකොට එයාට නුවණ විවෘත වෙන්න පටන් ගන්නේ කොතනින්ද? ජරාමරණ හටගන්නේ ඉපදීම නිසා කියන කාරණය තේරුම් ගැනීමෙන්. එතන ඉඳලා එයාට නුවණ විවෘත වෙනවා. ඊළඟට එයා නුවණින් දකින්න ඕනෙ බිත්තරයක් අස්සෙන් (අණ්ඩජ) උපන්නත්, මව්කුසෙන් (ජලාබුජ) උපන්නත්, තෙත් පරිසරයේ (සංසේදජ) උපන්නත්, (ඕපපාතික) මේ තුනෙන් තොරව

උපන්නත් ඉපදෙන්නේ භවය නිසා කියලා. භවය කියන්නේ විපාක පිණිස කර්ම සකස් වීමට.

මම ඔබට කලින් කිව්වා පටිච්ච සමුප්පාදය අහුවුනා නම් එයා කුසල් අකුසල් හරියට තේරුම් ගන්නවා කියලා. පටිච්ච සමුප්පාදය අහුවුනේ නැත්නම් 'ඔය විඤ්ඤාණය නෙමෙයි, අර විඤ්ඤාණය. ඔය සංස්කාර නෙමෙයි, අර සංස්කාර' කිය කිය වාද කර කර ඉඳියි. හැබැයි කුසල් අකුසල් හඳුනාගන්නේ නෑ. කුසල් අකුසල් හඳුන ගන්නවා හරි විදිහට පටිච්ච සමුප්පාදය තේරුම් ගත්තොත්. ඊළඟට බුදුරජාණන් වහන්සේ වදාළා "**උපාදාන පච්චයා භික්ඛවේ භවෝ**" මහණෙනි, මේ භවය කියන එක උපාදාන නිසා ඇතිවන්නේ.

ඉබේ වෙන එකක් නෙමෙයි....

ඒ කිව්වේ විපාක පිණිස කර්ම හැදෙන්නේ උපාදානයෙන්. ඒක ඉබේ වෙන එකක් නෙමෙයි. යම්කිසි කෙනෙකුට ඒක හේතූන් නිසා හටගන්නවා කියන කාරණය දකින්න බැරි නම් ඒ කියන්නේ එයාට විසඳුම් නෑ. අපි කියමු කෙනෙකුට කේන්ති ගිහිල්ලා තව කෙනෙකුට බනිනවා කියලා. එයා කියනවා 'නෑ මං මේ හිතලා කරනවා නෙමෙයි. මට මේක සිද්ධ වෙනවා. මගේ හිතේ එහෙම තරහක් නෑ. මට මේ කියවෙනවා' කියලා. ඒක ඇත්තක් නෙමෙයි බොරුවක්. ඒ මාන්නෙට කියන්නේ. තමන්ගේ වැරැද්ද පිළිගන්න තියෙන අකමැත්තටයි එහෙම කියන්නේ. එතකොට එයාට විසඳුමක් තියෙනවද? ඇයි මේක ඔටෝ නම් සිද්ධ වෙන්නේ විසඳුමක් නැනේ. නමුත් මේ පටිච්ච සමුප්පාදය හරියට තේරුම් ගත්තොත් එයාට විසඳුමක් තියෙනවා.

ලෝක නීතිය....

අපි උපාදාන හතරක් ගැන ඉගෙන ගත්තා. ඒ තමයි කාම උපාදාන, දිට්ඨි උපාදාන, සීලබ්බත උපාදාන. අත්තවාද උපාදාන. බුදුරජාණන් වහන්සේ වදාළා "මහණෙනි, උපාදාන නිසයි භවය හටගන්නේ. තථාගත කෙනෙක් පහළ වුනත්, පහළ වුනේ නැතත් මේ ස්වභාවය ලෝකයේ පවතින එකක්" ඒක ධර්ම ස්වභාවයක්. ඒක තමයි ලෝකයේ පවතින නීතිය. මේ නීතියෙන් පිට පනින්නෙ නෑ. හැමදාම හැමතැනම සිද්ධ වෙන්නේ මේ නීතිය විතරයි.

මේ උපාදාන නිසා භවය හටගන්නවා කියන එක බුදුරජාණන් වහන්සේලා අවබෝධ කරනවා. අවබෝධ කරලා ඒක ශ්‍රාවකයින්ට කියලා දෙනවා. කියලා දීලා උපාදාන නිසා භවය හටගන්නා බව නුවණින් දකිව් කියනවා. ඊළඟට බුදුරජාණන් වහන්සේ වදාළා "**තණ්හා පච්චයා භික්ඛවේ උපාදානං**" මහණෙනි, තණ්හාව නිසයි උපාදාන හටගන්නේ. බුදු කෙනෙක් පහළ වුනත්, පහළ වුනේ නැතත් මේ සසර පැවැත්මේ තියෙන නීතිය තමයි ඒක.

මෙය නුවණින් දකිව්....

ඉතින් බුදුවරු කරන්නේ මේ තණ්හාව හටගැනීමෙන් උපාදාන හටගන්නා බව අවබෝධ කරනවා. අවබෝධ කරලා ශ්‍රාවකයන්ට කියාදීලා මේ සිද්ධිය මෙහෙම වෙන බව නුවණින් දකිව් කියනවා. ඊළඟට බුදුරජාණන් වහන්සේ වදාළා "**වේදනා පච්චයා භික්ඛවේ තණ්හා**" මහණෙනි, මේ තෘෂ්ණාව හටගන්නේ

විඳීම නිසා. බුදු කෙනෙක් පහළ වුනත්, පහළ වුනේ නැතත් තෘෂ්ණාව හටගන්නේ විඳීම නිසා. බුදුවරු මේක අවබෝධ කරලා ශ්‍රාවකයින්ට පැහැදිලි කර කර කියලා දෙනවා. මේ තෘෂ්ණාව හටගන්නේ විඳීමෙන් බව නුවණින් දකිව් කියලා කියනවා.

ඊට පස්සේ බුදුරජාණන් වහන්සේ දේශනා කරනවා "**ඵස්ස පච්චයා භික්ඛවේ වේදනා**" මහණෙනි, මේ විඳීම හටගන්නේ ස්පර්ශයෙන්. ස්පර්ශයක් ඇතිවෙච්ච ගමන් විඳීම හටගන්නවා. ඒක බුදු කෙනෙක් පහළ වුනත් ඒ ස්වභාවය තමයි. පහළ වුනේ නැතත් ඒ ස්වභාවය තමයි. ඒකට කියන්නේ **ධම්මට්ඨිති ධම්මනියාමතා ඉදප්පච්චයතා.** ඨිති කියන්නේ පැවැත්ම. මේ හේතුඵල ධර්මතාවයේ පැවැත්ම. නියාමය කියලා කියන්නේ නීතිය. මේ හේතුඵල ධර්මය පවතින නීතිය. ඒ විදිහට තමයි ඒක පවතින්නේ. ඒකෙන් පිට යන්නෙ නෑ.

ආයතන හය නිසයි ස්පර්ශය හටගන්නේ....

බුදුරජාණන් වහන්සේලා මොකද කරන්නේ මේ ස්වභාවය අවබෝධ කරනවා. අවබෝධ කරලා ශ්‍රාවකයන්ට විස්තර කරලා කියාදෙනවා. නුවණින් දකිව් කියලා කියනවා. ඊළඟට බුදුරජාණන් වහන්සේ දේශනා කරනවා "**සළායතන පච්චයා භික්ඛවේ ඵස්සෝ**" මහණෙනි, ආයතන හය නිසයි ස්පර්ශය හටගන්නේ. බුදු කෙනෙක් පහළ වුනත්, බුදු කෙනෙක් පහළ වුනේ නැතත් ලෝකයේ යම් තැනක ස්පර්ශය හටගන්නවද හටගන්නේ ආයතන හයෙන්. බුදුරජාණන් වහන්සේලා මේක අවබෝධ කරලා ශ්‍රාවකයින්ට කියලා දෙනවා. මේක ඉගෙනගෙන නුවණින් දකින්න කියනවා.

යම් තැනක නාමරූප ඇද්ද, එතන ආයතන හය හටගන්නවා....

ඊට පස්සේ බුදුරජාණන් වහන්සේ දේශනා කරනවා "**නාමරූප පච්චයා භික්ඛවේ සළායතනං**" මහණෙනි, මේ ආයතන හය හටගන්නේ නාමරූප නිසා. යම් තැනක නාමරූප හටගන්නවාද එතන ඇස හටගන්නවාමයි. එතන කන හටගන්නවාමයි. නාසය, දිව, කය, මනස හටගන්නවාමයි. වතුරේ නම් නාමරූපයන්ගේ පැවැත්ම තියෙන්නේ වතුරේ ඇස, කන, නාසය, දිව, කය, මනස හටගන්නවා. මේ හුළගේ නම් නාමරූප තියෙන්නේ හුළගේ ඇස, කන, නාසය, දිව, කය, මනස හටගන්නවා. මව්කුසේ නම් නාමරූප තියෙන්නේ මව්කුසේ ඇස, කන, නාසය, දිව, කය, මනස හටගන්නවා. තෙත් පරිසරයේ නම් නාමරූප තියෙන්නේ තෙත් පරිසරයේ ඇස, කන, නාසය, දිව, කය, මනස හටගන්නවා. යම් තැනකද නාමරූප ඇත්තේ එතන ආයතන හය හටගන්නවා.

විඤ්ඤාණය තිබෙන තැන නාමරූපයන්ගේ පැවැත්ම තිබෙනවා....

ඒක බුදුවරයෙක් පහළ වුනත් ඒ ස්වභාවයමයි. බුදුවරයෙක් පහළ වුනේ නැතත් ඒ ස්වභාවයමයි. මොකක්ද ඒ ස්වභාවයට කියන්නේ? **ධම්මට්ඨිතතා.** ධර්මස්ථිතිය. **ධම්මනියාමතා.** ධර්ම නියාමය. **ඉදප්පච්චයතා** කිව්වේ මේ හේතුවෙන් මේ කාරණය හටගනී කියන ක්‍රමය (පටිච්ච සමුප්පාදය). බුදුරජාණන් වහන්සේලා ඒක අවබෝධ කරලා ශ්‍රාවකයන්ට කියනවා 'මේන්න මෙහෙමයි මේක වෙන්නේ, මේක හොඳට නුවණින් දකින්න' කියනවා.

ඊට පස්සේ බුදුරජාණන් වහන්සේ වදාළා **"විඤ්ඤාණ පච්චයා භික්ඛවේ නාමරූපං"** මහණෙනි, නාමරූප හටගන්නේ විඤ්ඤාණය නිසයි. ඇහේ විඤ්ඤාණය තියෙනවා නම් නාමරූප ඇහේ තියෙනවා. කනේ විඤ්ඤාණය තියෙනවා නම් ඒ කියන්නේ විඤ්ඤාණයෙන් හටගන්න නාමරූප හැමතිස්සේම ඒ කනේ තියෙනවා. නාසයේ විඤ්ඤාණය තියෙනවා නම් නාසයේ නාමරූපයන්ගේ පැවැත්ම තියෙනවා. දිවේ විඤ්ඤාණය හටගන්නවා නම් දිවේ නාමරූපයන්ගේ පැවැත්ම තියෙනවා. කයේ විඤ්ඤාණය හටගන්නවා නම් කයේ නාමරූපයන්ගේ පැවැත්ම තියෙනවා. මනසේ විඤ්ඤාණය හටගන්නවා නම් මනසේ නාමරූපයන්ගේ පැවැත්ම තියෙනවා.

අවිද්‍යාව තමයි පටන්ගැන්ම....

ඒක බුදු කෙනෙක් පහළ වුනත් තියෙනවා. නැතත් තියෙනවා. මේ ස්වභාවය බුදුරජාණන් වහන්සේ අවබෝධ කරලා ශ්‍රාවකයන්ට කියා දෙනවා මේක මේ විදිහටම බලන්න කියලා. ඊට පස්සේ බුදුරජාණන් වහන්සේ දේශනා කරනවා **"සංඛාර පච්චයා භික්ඛවේ විඤ්ඤාණං"** මහණෙනි, මේ විඤ්ඤාණය හටගන්නේ සංස්කාරයන්ගෙන්. ඒක බුදු කෙනෙක් පහළ වුනත් ඒ ස්වභාවය තමයි. පහළ වුනේ නැතත් ඒ ස්වභාවය තමයි. ඒක ධර්ම ස්වභාවයක්. ඒක තමයි ලෝකයේ පවතින නීතිය.

ඒක බුදුරජාණන් වහන්සේලා අවබෝධ කරනවා. අවබෝධ කරලා ශ්‍රාවකයින්ට කියලා දෙනවා. කියලා දීලා මේක නුවණින් දකිව් කියනවා. ඊළඟට උන්වහන්සේ

විස්තර කරනවා "**අවිජ්ජා පච්චයා භික්ඛවේ සංඛාරා**" මේ සංස්කාර හටගන්නේ අවිද්‍යාවෙන්. බුදු කෙනෙක් පහළ වුනත්, පහළ වුනේ නැතත් මේ ධර්ම ස්වභාවය තියෙනවා. මේ පැවැත්ම තියෙනවා. බුදුරජාණන් වහන්සේ මේ ස්වභාවය අවබෝධ කරලා ශ්‍රාවකයන්ට කියලා දීලා මේක මේ විදිහට නුවණින් බලන්න කියලා කියනවා.

මේ රටාව වෙනස් වෙන්නෙ නෑ....

ඉති බෝ භික්ඛවේ මහණෙනි, මේ ආකාරයට **යා තත්‍ර තථතා** එහි ඒ විදිහටම පවතින ස්වභාවයක් තියෙයිද, **අවිථතා** එයින් බැහැර විදිහටකට නොවීමක් ඇද්ද, **අනඤ්ඤථා** මේ හේතුඵල සකස් වෙන පිළිවෙළ වෙනස් නොවීමක් ඇද්ද, ඒකටයි පටිච්ච සමුප්පාදය කියලා කියන්නේ. එතකොට බලන්න මේ පටිච්ච සමුප්පාදය කියන එක කොච්චර ගාම්භීර දෙයක්ද. දවසක් ආනන්ද හාමුදුරුවෝ මේ පටිච්ච සමුප්පාදය මෙනෙහි කරද්දී උන්වහන්සේට මේක හරි පැහැදිලි, නිරවුල්, අවබෝධ කරන්න පහසු එකක් හැටියට වැටහුනා.

එතකොට ආනන්දයන් වහන්සේ සෝවාන් වෙලා හිටියේ. රහත් වෙලා නෑ. උන්වහන්සේ සෝතාපන්න ශ්‍රාවකයෙන් හැටියටනේ බුදුරජාණන් වහන්සේට උපස්ථාන කළේ. පෘථග්ජන කෙනෙක් නෙමෙයි. ඉතින් උන්වහන්සේ බුදුරජාණන් වහන්සේ ළඟට ගිහිල්ලා කිව්වා 'භාග්‍යවතුන් වහන්ස, මම පටිච්ච සමුප්පාදය මෙනෙහි කළා. මට හරි පැහැදිලියි. ඉතින් මට හිතෙනවා මේක හරි ලේසියෙන් අවබෝධ කරන්න පුළුවන් එකක් කියලා'.

පටිච්ච සමුප්පාදය අවබෝධ නොවීම නිසා තමයි මේ ඔක්කොම....

එතකොට බුදුරජාණන් වහන්සේ වදාළා 'හා... හා... ආනන්දය, එහෙම කියන්න එපා කිව්වා. මේ පටිච්ච සමුප්පාද ධර්මය අවබෝධ කරන්න බැරිවෙච්ච නිසා සත්වයා රා පෙරන හනසු ගොඩ වගේ උපතින් උපතට මාරු වෙවී දුකින් දුකට වැටි වැටී ඉන්නවා' කිව්වා. ඒ කාලේ රා මුට්ටිය බාලා රා පෙරන්නේ අර පොල් පිත්තේ දෙපැත්තේ තියෙන (මටුල්ල) දැල වගේ එකෙන්. ආන්න ඒ වගේ මේ සත්වයා භවයෙන් භවයට පැටලි පැටලී ගිහින් තියෙන්නේ මේ පටිච්ච සමුප්පාදය අවබෝධ නොවීම නිසා කියනවා.

ඊළඟට නූල් කටින මිනිස්සු (පෙහෙරුන්) නූල් ගුලි ගොරෝසු කරන්න කැඳේ බස්සනවා. එතකොට නූල් ගුලි එකට එක පැටලි පැටලි හිටිනවා ලෙහාගන්නම බෑ. ආන්න ඒ වගේ මේ සත්වයාට මේ සසර ගැටලුව ලෙහාගන්න බැරුව පැටලි පැටලී ඉන්නේ පටිච්ච සමුප්පාදය අවබෝධ වෙන්නෙ නැති නිසා කිව්වා. මම ඔබට කලින් කිව්වා පටිච්ච සමුප්පාදය අවබෝධ වුනොත් යම්කිසි කෙනෙකුට එයාගේ ලක්ෂණය මොකක්ද? එයා කුසල් හඳුනනවා. අකුසල් හඳුනනවා.

පටිච්ච සමුප්පන්න ධර්මයන් මොනවාද....?

කොච්චර කටපාඩම් කරන් හිටියත් කුසල් අකුසල් හඳුනන්නේ නැත්නම් එයා පටිච්ච සමුප්පාදය දන්නෙ නෑ. ඒක තමයි පටිච්ච සමුප්පාදය පිළිබඳ තේරුම් ගත්තා කියන මිම්ම. දැන් අපි මෙතෙක් වෙලා ඉගෙන ගත්තේ පටිච්ච

සමුප්පාදය. ඊළඟට බුදුරජාණන් වහන්සේ මේ සූත්‍රයේදි දේශනා කරනවා පටිච්ච සමුප්පාදයෙන් හටගත්තු දේ ගැන. සමුප්පන්න කියන්නේ හටගත්තු. පටිච්ච සමුප්පාද කියන්නේ ඒ එක් එක් ප්‍රත්‍යයන් හටගන්න රටාව. පටිච්ච සමුප්පන්න කියන්නේ ඒ රටාවෙන් උපන්න දේ.

බුදුරජාණන් වහන්සේ මේ දේශනාවේ පටිච්ච සමුප්පාදයත් උගන්වනවා. පටිච්ච සමුප්පන්න දේත් උගන්වනවා. ඒ කිව්වේ දැන් අපි මේ එක් එක් ප්‍රත්‍යයන් හටගන්න රටාව ඉගෙන ගත්තනේ. ජරාමරණ හටගන්නේ ඉපදීමෙන්. ඉපදීම හටගන්නේ භවයෙන් ආදී වශයෙන්. ඒක තමයි පටිච්ච සමුප්පාදය. ඔන්න ඊළඟට (පටිච්ච සමුප්පන්න) පටිච්ච සමුප්පාදයෙන් උපන්න දේ මේකේ විස්තර කරනවා. "**කතමේ ච භික්ඛවේ පටිච්චසමුප්පන්නා ධම්මා**" මහණෙනි, හේතු ප්‍රත්‍යයන්ගෙන් උපන්න දේවල් මොනවාද? **ජරාමරණං** ජරාමරණ කියන්නේ පටිච්චසමුප්පන්න දෙයක්.

ජරාමරණ අනිත්‍යයි....

ජරාමරණං භික්ඛවේ අනිච්චං. මහණෙනි, ජරාමරණ අනිත්‍යයි. **සංඛතං.** හේතුඵල දහමෙන් හටගත්තු දෙයක්. ඒ කිව්වේ ඒකේ තියෙන්නේ සංඛත ලක්ෂණ. මොනවද සංඛත ලක්ෂණ? හටගැනීම පේනවා. නැසීම පේනවා. වෙනස් වෙමින් පවතින එක පේනවා. **පටිච්චසමුප්පන්නං.** ඒක පටිච්ච සමුප්පාදයෙන් උපන්න දෙයක්. **ඛයධම්මං.** ක්ෂය වී යන ස්වභාවයට අයිති දෙයක්. ක්ෂය වෙනවා කියන්නේ ගෙවෙනවා කියන එක. ගෙවී ගෙවී යන ස්වභාවයට අයිති දෙයක්. **වයධම්මං** නැසී යන ස්වභාවයට අයිති දෙයක්.

විරාගධම්මං ඇල්ම දුරුවෙන ස්වභාවයට අයිති දෙයක්. දැන් වයසට යනකොට, දත් හැලෙනකොට, මේ හකුපාඩා පේනකොට, කොණ්ඩේ ඉදෙනකොට, ඇගේ හම රැළිගැහෙනකොට, අර පරණ ස්ටයිල් වලට මොකද වෙන්නේ? ඒවට තිබිච්ච ඇල්මට මොකද වෙන්නේ? එයා ඒවට විරුද්ධයි. ඊට පස්සේ ඒ ස්ටයිල් වලින් කවුරුහරි ඉන්නවා නම් 'ආන්න බලාපං... අර යන හැටි.... ස්ටයිල් වෙලා.... අපි නම් ඔහොම නෑ ඒ කාලේ' කියලා කියනවා. ඒගොල්ලෝ ඒ කාලේ ඊට හපන්. නමුත් වයසට ගියාට පස්සේ ඒ කෙරෙහි ඇල්ම නැතිවෙනවා.

බුදුවරුන්ගේ විග්‍රහය සම්පූර්ණයි....

ජරාමරණ කියන්නේ **විරාගධම්මං** ඇල්ම දුරුකළයුතු ස්වභාවයට අයිති දෙයක්. **නිරෝධධම්මං** ඇල්ම නිරුද්ධ කළයුතු ස්වභාවයට අයිති දෙයක්. බලන්න ඒ බුදුරජාණන් වහන්සේලාගේ විග්‍රහය කොච්චර සම්පූර්ණද කියලා. සාමාන්‍යයෙන් අපි නම් යම්කිසි දෙයක් මේක අනිත්‍යයි කියලා එතනින් ඉවර කරනවා. බලන්න උන්වහන්සේ වචන කීයක් කියලද. "**ජරාමරණං භික්ඛවේ අනිච්චං සංඛතං පටිච්චසමුප්පන්නං ඛයධම්මං වයධම්මං විරාගධම්මං නිරෝධධම්මං**" කරුණු හතක් කියනවා ජරාමරණ ගැන.

මහණෙනි, මේ ජරාමරණ අනිත්‍යයි. අනිත්‍යයි කිව්වේ ස්ථිර නෑ කියන එක. සංඛතයි. හටගන්නවා පේනවා. වැනසෙනවා පේනවා. වෙනස් වෙමින් පවතිනවා පේනවා. පටිච්චසමුප්පන්නයි. හේතු ප්‍රත්‍යයන්ගෙන් උපන්න දේවල්. (ඛයධම්මං) ක්ෂය වෙලා යන ධර්මතාවයට අයිතියි. (වයධම්මං) නැසී යන

ධර්මතාවයට අයිතියි. (විරාගධම්මං) ඇල්ම දුරුකළයුතු ධර්මතාවයට අයිතියි. (නිරෝධධම්මං) ඇල්ම නිරුද්ධ කළයුතු ධර්මතාවයට අයිතියි.

ඉපදීමත් අනිත්‍යයි....

ඊළඟට බුදුරජාණන් වහන්සේ පෙන්වා දෙනවා ඉපදීම කියන්නෙත් පටිච්ච සමුප්පන්න දෙයක්. පටිච්ච සමුප්පන්න කිව්වේ පටිච්ච සමුප්පාදයෙන් හටගත් දෙයක්. ඒක මතක තියාගන්න. හේතුඵල ධර්ම හටගන්නා රටාව පටිච්ච සමුප්පාදය. පටිච්ච සමුප්පන්න කිව්වේ හේතුඵල ධර්මයෙන් හටගත්තු දේ. ඒ විදිහට මතක තියාගත්තහම නිවාඩු පාඩු වෙලාවට මේවා ආයෙ කල්පනා කරලා තේරුම් ගන්න පුළුවන්.

ජාති භික්ඛවේ අනිච්චා. මහණෙනි, ඉපදීම කියන එකත් අනිත්‍යයි. දැන් බලන්න සමහර අවස්ථා වලදි ඔන්න මව්කුසට දරුවා එනවා. දැන් අම්මා හරි ආදරෙන් ඉන්නවා දරුවෙක් කුසට ආවා කියලා. ලැබෙන්න ඉස්සෙල්ලා දරුවා මව්කුසේම මැරෙන අවස්ථා නැද්ද? ඒ ඉපදීම අනිත්‍ය වුනා. බිත්තර උපදිනකොටම මේ බිත්තරේ සත්තු කනවා. මිනිස්සු තම්බන් කනවා. අනිත්‍යයි. එහෙනම් ඉපදීම අනිත්‍යයි. **සංඛතා.** සංඛතා කියන්නේ සකස් වූ දෙයක්. **පටිච්චසමුප්පන්නා.** පටිච්ච සමුප්පාදයෙන් උපන්න දෙයක්.

එතන ධර්මය මෙනෙහි කරන්න ඉඩකඩ තියෙනවා....

එතකොට අපිට අලුත උපන් දරුවෙක්ව දකින්න ලැබුනොත් අපිට මතක් වෙන්න ඕනෙ මේ පටිච්ච

සමුප්පාදයෙන් හටගත්තු එකක් කියලා. අන්න එතන ධර්මය මෙනෙහි කරන්න ඉඩක් තියෙනවා. ඊළඟට **ඛයධම්මා.** ක්ෂය වී යන ස්වභාවයට අයිති දෙයක්. **වයධම්මා** වැනසී යන ස්වභාවයට අයිති දෙයක්. **විරාග ධම්මා** නොඇලිය යුතු ස්වභාවයට අයිති දෙයක්. **නිරෝධධම්මා** ඇල්ම නිරුද්ධ කළයුතු ස්වභාවයට අයිති දෙයක්.

විරාගධම්මා නිරෝධධම්මා කියන එක එකට තියෙන්නේ. ඛයධම්මා වයධම්මා කියන එක එකට තියෙන්නේ. ඛය කියන්නේ ගෙවී යන. වය කියන්නේ නැසී යන. විරාග කියන්නේ ඇල්ම දුරුකළයුතු. නිරෝධ කියන්නේ ඇල්ම නිරුද්ධ කළයුතු. දැන් අපි පටිච්චසමුප්පන්න දේවල් දෙකක් ගැන ඉගෙන ගත්තා. මොනවද ඒ? ජරාමරණ, ජාති. ඊළඟට භවය. මහණෙනි, භවය අනිත්‍යයි. (හරී වැදගත් දේශනාවක් අපි මේ ඉගෙන ගන්නේ) එතකොට ජරාමරණත් අනිත්‍යයි. ඉපදීමත් අනිත්‍යයි. භවයත් අනිත්‍යයි.

පටිච්ච සමුප්පන්න දේක තියෙන ලක්ෂණ හත....

එතනත් උන්වහන්සේ අර කරුණු හතම පෙන්වා දෙනවා. "මහණෙනි, භවය අනිත්‍යයි. සංඛතයි. පටිච්චසමුප්පන්නයි. ඛයධම්මං වයධම්මං විරාගධම්මං නිරෝධධම්මං. මේ තමයි පටිච්ච සමුප්පන්න දේක තියෙන ලක්ෂණ හත. මේක හොඳට මතක තියාගත්තොත් ඔබට කවදහරි මේ ධර්මය අවබෝධ කරන්න ඒක උපකාරී වෙනවා. භවය කියන්නේ විපාක පිණිස කර්ම සකස්වීම. එතකොට කාම භවය, රූප භවය, අරූප භවය කියන

මේ භව තුනම අනිත්‍යයි. සංඛතයි. පටිච්ච සමුප්පන්නයි. ඛයධම්මං වයධම්මං විරාගධම්මං නිරෝධධම්මං.

දැන් අපි ඕක සිංහලෙන් කියමු. විපාක පිණිස කර්ම සකස්වෙන ස්වභාවය අස්ථිරයි. සකස් වූ දෙයක්. පටිච්ච සමුප්පාදයෙන් හටගත්තු දෙයක්. ඊළඟට ක්ෂය වී යන ධර්මතාවයට අයිති දෙයක්. වැනසී යන ධර්මතාවයට අයිති දෙයක්. ඇල්ම දුරුකළ යුතු දෙයක්. ඇල්ම නිරුද්ධ කළයුතු දෙයක්. බලන්න කොච්චර ලස්සනද කියලා මේ පටිච්ච සමුප්පාදය විස්තරය.

හරි අපූරුවට හිටියා.... මක් වෙලා මැරුණද දන්නෙ නෑ....

ඊළඟ පටිච්චසමුප්පන්න කාරණය තමයි උපාදාන. කාම උපාදාන, දිට්ඨි උපාදාන, සීලබ්බත උපාදාන, අත්තවාද උපාදාන කියන මේ උපාදාන හතරම අනිත්‍යයි. සංඛතයි. පටිච්චසමුප්පන්නයි. ක්ෂය වී යන ධර්මතාවයෙන් යුක්තයි (ඛයධම්මං). නැසී යන ධර්මතාවයෙන් යුක්තයි (වයධම්මං). ඇල්ම දුරුවෙන ස්වභාවයෙන් යුක්තයි (විරාගධම්මං). ඇල්ම නිරුද්ධ වෙන ස්වභාවයෙන් යුක්තයි (නිරෝධධම්මං). මේ පටිච්ච සමුප්පන්න ධර්මයන් ගැන හරි විදිහට අවබෝධ වුනා නම් ඒ කෙරෙහි තියෙන ඇල්ම නිරුද්ධ වෙනවා. හිත විරාගයට පත්වෙනවා.

දැන් මේ විරාගයට පත්වෙන්නේ නැත්තේ පටිච්චසමුප්පන්න දේවල් ගැන අපි ඒ විදිහටම දැකලා නැති නිසා. සාමාන්‍ය ලෝකයා ජරාමරණ දකින්නේ

'අනේ මේ අපූරුවට හිටියා.... මක් වෙලා මැරුණද දන්නේ නෑ.... අඩු ආයුෂෙන් මළා.... කේන්දරේ බැලුවා නම් හොයාගන්න තිබුනා....' ඔය වගේ අන්ධබාල විදිහටනේ සාමාන්‍ය ලෝකයා කල්පනා කරන්නේ. ඒ විදිහට කල්පනා කරද්දි ජරාමරණ වල තියෙන, ඉපදීමේ තියෙන මේ ලක්ෂණ එකක්වත් එයාට තේරෙන්නෙ නෑ.

මටත් මේ විදිහට ලස්සන වෙලා උපදින්න ඇත්නම්....

සාමාන්‍යයෙන් කෙනෙකුගේ ලස්සන ගැන මධ්‍යස්ථව කතා කරන්න කෙනෙකුට හැකිවෙන්න පුළුවන්. නමුත් ප්‍රඥාව නැති එක්කෙනා චූටි ළමයෙක් දැක්කහම 'අනේ හරී ලස්සනයි. මටත් මෙහෙම ලස්සන වෙලා උපදින්න ඇත්නම්....' කියලා හිතනවා. මේ හේතුප්‍රත්‍යයන්ගෙන් හටගන්න දේවල් වල මේ ලක්ෂණ තිබෙන බව දන්නෙ නැත්නම් එයා හිතන්නේ ඒක තමන්ගේ වසඟයේ පවත්වන්න පුළුවන් දෙයක් කියලා.

දැන් අපි කතා කරපු සිව් වැදෑරුම් උපාදානත් අර ලක්ෂණ හතෙන් යුක්තයි. පළවෙනි එක අනිත්‍යයි. දෙවෙනි එක සංඛතයි. තුන්වෙනි එක පටිච්චසමුප්පන්නයි. හතරවෙනි එක ඛයධම්මං. පස්වෙනි එක වයධම්මං. හයවෙනි එක විරාගධම්මං. හත්වෙනි එක නිරෝධධම්මං. මේ හැම ප්‍රත්‍යයකම ඔය ලක්ෂණ තියෙනවා කියලා අල්ලගත්තොත් ඔබට ඒක විදර්ශනාවට උපකාර වෙනවා. විදර්ශනාව කියන්නේ හොඳට නුවණින් විශේෂ කොට දැකීමනේ. මේවා තමයි විශේෂ කොට දකින්න තියෙන්නේ.

තණ්හාවත් අනිත්‍යයි....

බුදුරජාණන් වහන්සේ දේශනා කරනවා පස්වෙනි පටිච්ච සමුප්පන්න කාරණය තමයි තණ්හාව. **තණ්හා භික්ඛවේ අනිච්චා.** මහණෙනි, තණ්හාවත් අනිත්‍යයි. තණ්හාව ගැන දෙයාකාරයකින් අපි ඉගෙනගෙන තියෙනවා. හය වැදෑරුම් තණ්හාවක් තියෙනවා. ඒ තමයි රූප තණ්හා, ශබ්ද තණ්හා, ගන්ධ තණ්හා, රස තණ්හා, ඵොට්ඨබ්බ තණ්හා, ධම්ම තණ්හා. තණ්හාව කියන්නේ ආශ්වාදනීය අරමුණ කෙරෙහි හිත ඇදී යාම. තව තුන්වැදෑරුම් තණ්හාවකුත් තියෙනවා. ඒ තමයි කාම තණ්හා, භව තණ්හා. (භව පැවැත්මට තියෙන ආසාව). විභව තණ්හා (නොපැවැත්මට තියෙන ආසාව).

මේ තණ්හාව කියන්නේ හරි භයානක ස්වභාවයක්. තණ්හාවෙත් තියෙන්නේ අර කලින් කියපු ලක්ෂණ හත තමයි. එහෙනම් අපි තුළ මොන තණ්හාවක් හටගත්තත් ඒක ස්ථිර නෑ. කලින් අපි කන්න ආස කරපු දේවල් වලට පස්සේ අප්පිරිය වෙන්නේ නැද්ද? කලින් ආස කරන ඇඳුම් පස්සේ එපා වෙන්නේ නැද්ද? මේ ආස කරපු දේ මේ අතඅරිනවා. එහෙනම් තණ්හාව කියන්නේ ස්ථිර නැති එකක්.

අසිරිමත් සම්බුදු නුවණ....

තණ්හාවේ ඊළඟ ස්වභාවය මොකක්ද? සංඛතයි. ඒ කිව්වේ සකස් වෙච්ච දේක තියෙන ලක්ෂණ ටික තියෙනවා. හටගන්න ස්වභාවය, නැසී යන ස්වභාවය,

වෙනස් වෙමින් පවතින ස්වභාවය තණ්හාවෙත් තියෙනවා. ඊළඟට පටිච්චසමුප්පන්නයි. ඒ කිව්වේ තණ්හාවක් හටගත්තා නම් හටගත්තේ පටිච්ච සමුප්පාද රටාවෙන්මයි. මොකක්ද පටිච්ච සමුප්පාද රටාව? **වේදනා පච්චයා තණ්හා.** විඳීම නිසා තණ්හාව හටගන්නවා.

තණ්හාවේ ඊළඟ ලක්ෂණය තමයි ගෙවී යන ස්වභාවයෙන් යුක්තයි. ඊළඟට නැසී යන ස්වභාවයෙන් යුක්තයි. ඊළඟට ඇල්ම දුරුවෙන ස්වභාවයෙන් යුක්තයි. ඊළඟට ඇල්ම නිරුද්ධ වෙන ස්වභාවයෙන් යුක්තයි. අපි යම්කිසි දේකට බැඳිලා ඉන්නකම් විඳවනවා. ඒ නිසා අපිට ඇල්ම දුරුකරගන්න වෙනවා. ඇල්ම නිරුද්ධ කරගන්න සිද්ධ වෙනවා. මේවා තමයි තණ්හාවේ ලක්ෂණ හත. බුදු කෙනෙකුට මිසක් මේ ලෝකයේ වෙන කිසිම කෙනෙකුට මෙහෙම විස්තර කරලා දෙන්න බෑ.

සැප, දුක්, උපේක්ෂා විඳීම් අනිත්‍යයි....

ඊළඟට විඳීමත් පටිච්ච සමුප්පන්න දෙයක්. එහෙනම් අපි දැනගන්න ඕනෙ අපිට සැප විඳීමක් හටගත්තත් ඒකත් පටිච්චසමුප්පාදයෙන් උපන්න දෙයක්. අපිට දුක් විඳීමක් හටගත්තත් ඒකත් පටිච්ච සමුප්පාදයෙන් උපන්න දෙයක්. අපිට උපේක්ෂා විඳීමක් හටගත්තත් ඒකත් පටිච්ච සමුප්පාදයෙන් උපන්න දෙයක්. එතකොට සැප විඳීම වේවා, දුක් විඳීම වේවා, උපේක්ෂා විඳීම වේවා ඒ හැම විඳීමක් ම අර ලක්ෂණ හතෙන් යුක්තයි. අනිත්‍යයි. සංඛතයි. පටිච්ච සමුප්පන්නයි. ඛයධම්මං. වයධම්මං. විරාගධම්මං. නිරෝධධම්මං.

ශ්‍රැතය පිරිසිදු නැත්නම් දෘෂ්ටිගත වෙනවා....

පින්වත්නි, මේ ඉගෙන ගන්න දේ අපිට මේ ජීවිතයේදීත් උදව් වෙනවා. අපි යම්කිසි දවසක දෙවියන් අතර, බඹුන් අතර ගියාද එදාටත් මේක තමයි වඩන්න තියෙන්නේ. එහේ ගිහිල්ලා අමුතු එකක් කරන්න නෑ. මේ ඉගෙන ගන්න දේම තමයි. මේකට කියන්නේ ශ්‍රැතය (මනාකොට ඇසීමෙන් ගත්තු දැනුම) කියලා. මේ ශ්‍රැතය පිරිසිදු නැත්නම් දෘෂ්ටිගත වෙනවා. දෘෂ්ටිගත වෙනවා කියන්නේ මොන මොනවහරි මත වලට අහුවෙනවා. එතකොට එයාගේ හිතේ ශ්‍රද්ධාව ස්ථිරව තියාගන්න බෑ. ශ්‍රැතය පිරිසිදුව තියෙනවා නම් සැකය හටගන්නෙ නෑ. ඒ කෙරෙහි හිතේ පැහැදීම හටගන්නවා. පැහැදීම හටගත්තට පස්සේ එයා අවුල් නෑ. දන්න පොඞ්ඩ හරි පැහැදිලි නම් අවුලක් නෑනේ.

ස්පර්ශයත් පටිච්ච සමුප්පන්න දෙයක්....

ඊළඟට ස්පර්ශයත් පටිච්ච සමුප්පාදයෙන් හටගත්තු එකක්. ඇහේ ස්පර්ශය, කනේ ස්පර්ශය, නාසයේ ස්පර්ශය, දිවේ ස්පර්ශය, කයේ ස්පර්ශය, මනසේ ස්පර්ශය කියන මේ ස්පර්ශ හය ම අනිත්‍යයි. සංඛතයි. පටිච්චසමුප්පන්නයි. ඛයධම්මං වයධම්මං විරාගධම්මං නිරෝධධම්මං.

ඊළඟ පටිච්ච සමුප්පන්න (පටිච්ච සමුප්පාදයෙන් හටගත්තු) ධර්මය තමයි ආයතන හය. ඒ කියන්නේ මේ ඇස, කන, නාසය, දිව, කය, මනස. මේ ආයතන

හයේ තියෙන පටිච්ච සමුප්පාදය මොකක්ද? **නාමරූප පච්චයා සළායතනං.** ආයතන හය හටගන්නේ නාමරූප ප්‍රත්‍යයෙන්. ඒක තමයි පටිච්ච සමුප්පාදය. ඒ කිව්වේ නාමරූප නිසා ඇස හටගනී. නාමරූප නිසා කන හටගනී. නාමරූප නිසා නාසය හටගනී. නාමරූප නිසා දිව හටගනී. නාමරූප නිසා කය හටගනී. නාමරූප නිසා මනස හටගනී.

ඇල්ම නිරුද්ධ වෙච්ච දවසට නිදහස් වෙනවා....

පටිච්ච සමුප්පන්න දේ මොකක්ද? ඇස, කන, නාසය, දිව, කය, මනස කියන මේ ආයතන හය. මේ ආයතන හයෙත් අර කියපු ලක්ෂණ හත තියෙනවා. අනිත්‍යයි. සංඛතයි. පටිච්ච සමුප්පන්නයි. ඛයධම්මං වයධම්මං විරාගධම්මං නිරෝධධම්මං. එහෙනම් හරි විදිහට අපි නිදහස් වෙන්නේ මේ ලක්ෂණ හතම අපට අවබෝධ වෙච්ච දවසට. මේ ආයතන හය කෙරෙහි නොඇල්ම ඇතිවෙච්ච දවසට, ආයතන හය කෙරෙහි ඇල්ම නිරුද්ධ වෙච්ච දවසට අපි නිදහස් වෙනවා.

බුදුරජාණන් වහන්සේ දේශනා කළා නාමරූප කියන්නෙත් පටිච්ච සමුප්පාදයෙන් හටගත්තු දෙයක්. නාමරූප වල තියෙන පටිච්ච සමුප්පාදය මොකක්ද? **විඤ්ඤාණ පච්චයා නාමරූපං.** පටිච්ච සමුප්පාදයෙන් හටගත්තු දෙයක් හැටියට තියෙන නාමරූපයේ ලක්ෂණ මොනවද? නාමරූප අනිත්‍යයි. සංඛතයි. පටිච්ච සමුප්පන්නයි. ඛයධම්මං වයධම්මං විරාගධම්මං නිරෝධධම්මං.

හැම එකකම මේ ලක්ෂණ හත තියෙනවා....

ඊළඟට විඤ්ඤාණයත් පටිච්ච සමුප්පන්න ධර්මයක්. විඤ්ඤාණයේ තියෙන පටිච්ච සමුප්පාදය මොකක්ද? **සංඛාර පච්චයා විඤ්ඤාණං.** විඤ්ඤාණයත් අනිත්‍යයි. සංඛතයි. පටිච්ච සමුප්පන්නයි. ඛයධම්මං වයධම්මං විරාගධම්මං නිරෝධධම්මං. ඊට පස්සේ බුදුරජාණන් වහන්සේ දේශනා කරනවා සංස්කාරත් පටිච්ච සමුප්පාදය නිසා හටගත්තු එකක්. අවිද්‍යාව නිසා හටගත්තු එකක්.

මේ සංස්කාරයේ ලක්ෂණ තමයි අනිත්‍යයි. සංඛතයි. පටිච්ච සමුප්පන්නයි. ඛයධම්මං වයධම්මං විරාගධම්මං නිරෝධධම්මං. ඊළඟට අවිද්‍යාවත් පටිච්ච සමුප්පන්න ධර්මයක්. අවිද්‍යාවත් අනිත්‍යයි. සංඛතයි. පටිච්ච සමුප්පන්නයි. ගෙවී යන ස්වභාවයෙන් යුක්තයි (ඛයධම්මං). නැසී යන ස්වභාවයෙන් යුක්තයි (වයධම්මං). ඇල්ම දුරුවෙන ස්වභාවයෙන් යුක්තයි (විරාග ධම්මං) ඇල්ම නිරුද්ධ වෙන ස්වභාවයෙන් යුක්තයි (නිරෝධධම්මං).

පටිච්චසමුප්පන්න ධර්මයන් දොළහක් තියෙනවා....

ඔක්කොම අංග කීයද එතකොට? එක ජරාමරණ. දෙක ඉපදීම. තුන භවය. හතර උපාදාන. පහ තණ්හාව. හය විඳීම. හත ස්පර්ශය. අට ආයතන හය. නවය නාමරූප. දහය විඤ්ඤාණය. එකොළහ සංස්කාර. දොළහ අවිද්‍යාව.

එතකොට පටිච්ච සමුප්පන්න ධර්මයන් ඔක්කොම දොළහක් තියෙනවා. මේ දොළහම එකින් එකට අදාළ රටාවකින් හටගන්නේ. ජරාමරණ හටගන්නේ ඉපදීමෙන්. ඒක තමයි එකේ සිද්ධ වෙන රටාව. ඉපදීම හටගන්නේ භවයෙන්. ඒක තමයි සිද්ධවෙන රටාව.

භවය හටගන්නේ උපාදානයෙන්. ඒක තමයි සිද්ධ වෙන රටාව. උපාදාන හටගන්නේ තණ්හාවෙන්. ඒක තමයි සිද්ධ වෙන රටාව. තණ්හාව හටගන්නේ විඳීමෙන්. ඒක තමයි සිද්ධ වෙන රටාව. විඳීම හටගන්නේ ස්පර්ශයෙන්. ඒක තමයි සිද්ධ වෙන රටාව. ස්පර්ශය හටගන්නේ ආයතන හයෙන්. ඒක තමයි සිද්ධ වෙන රටාව. ආයතන හය හටගන්නේ නාමරූපයෙන්. ඒක තමයි සිද්ධ වෙන රටාව. නාමරූප හටගන්නේ විඤ්ඤාණයෙන්. ඒක තමයි සිද්ධ වෙන රටාව.

මේ කාලේ මහා ප්‍රඥාවන්තයෝ නෑ....

විඤ්ඤාණය හටගන්නේ සංස්කාරයෙන්. ඒක තමයි සිද්ධ වෙන රටාව. සංස්කාර හටගන්නේ අවිද්‍යාවෙන්. ඒක තමයි සිද්ධ වෙන රටාව. නමුත් ඒ රටාව තුළ උපන්න දේ ලක්ෂණ හතකින් යුක්තයි. මොනවද ඒ? අනිත්‍යයි. සංඛතයි. පටිච්ච සමුප්පන්නයි. ක්ෂය වී යන ස්වභාවයෙන් යුක්තයි. නැසී යන ස්වභාවයෙන් යුක්තයි. ඇල්ම දුරුකළයුතු ස්වභාවයෙන් යුක්තයි. ඇල්ම නිරුද්ධ කළයුතු ස්වභාවයෙන් යුක්තයි.

එතකොට දැන් බලන්න හිතලා, කෙනෙකුට මේ කියපු විදිහට පටිච්ච සමුප්පාදයේ මේ අංග ඉවසීමෙන් එකක් එකක් ගානේ හිමින් හිමින් විස්තර කරගත්තොත්

එයාට සෑහෙන්න පැහැදිලි දැනුමක් ඇතිකර ගන්න බැරිවෙයිද? මං හිතන්නේ ගොඩාක් අයට එහෙම තනියම නුවණින් මෙනෙහි කර කර නම් ගන්න පුළුවන් කමක් නෑ. එච්චර ප්‍රඥාවන්තයෝ මේ කාලේ නෑ. හොඳම දේ තමයි කොළයක් අරගෙන විස්තර කර කර ලියාගන්න.

ශ්‍රවණය කිරීම විතරක් ප්‍රමාණවත් වෙන්නෙ නෑ....

ජරාමරණ ගැන විස්තර කර කර ලියනවා. ඉපදීම ගැන විස්තර කර කර ලියාගන්නවා. ඉපදෙනවා හතර ආකාරයට. මේ කොයි ආකාරයෙන් ඉපදුනත් මේ ලක්ෂණ හතෙන් යුක්තයි. ඊට පස්සේ ලියාගන්න ඉපදෙන්නේ භවය නිසා. ඊට පස්සේ ලියාගන්නවා භවය තුන් ආකාරයි. මේ කොයි ආකාරයෙන් භවය හටගත්තත් මේ මේ ලක්ෂණ වලින් යුක්තයි. ඊළඟට ලියාගන්න භවය නිකම් හටගන්නෙ නෑ. භවය හටගන්නේ උපාදානයෙන්. උපාදාන මෙච්චර තියෙනවා. එතකොට මේ කොයි උපාදානයක් හටගත්තත් මේ මේ ලක්ෂණ තියෙනවා කියලා අඩුගානේ ලියන්න පුරුදු වෙන්න. එතකොට කාලයක් යනකොට මේක මතක හිටියි.

මොකද දැන් අපිට ප්‍රඥාව නැති නිසා දැන් කාලේ ශ්‍රවණය ප්‍රමාණවත් නෑ. ශ්‍රවණය කරලා තමන් උපායක් හරිගස්සගන්න ඕනෙ ඒ කාරණය ධාරණය කරගැනීමට. ධාරණය කරගන්නවා කියන්නේ මතක තියාගන්නවා කියන එක. මතක තියාගන්න එක හරියට කළේ නැත්නම් මෙනෙහි කරගන්න බැරුව යනවා. මෙනෙහි කරගන්න බැරි වුනාට පස්සේ ඒ කෙරෙහි හිත පහදින්නෙ

නැතුව යනවා. පහදින්නෙ නැති වුනාට පස්සේ ඒක සම්පූර්ණයෙන් ම අමතක වෙලා යනවා.

සේඛබල අභිමි වෙනවා....

අමතක වෙලා ගියාට පස්සේ නොපිහිටියේ මොකක්ද? ශ්‍රැතය. ශ්‍රද්ධා, සීල, ශ්‍රැත, ත්‍යාග, ප්‍රඥා කියන සේඛබල අහිමි වෙනවා. එතකොට ඒ සේඛබල අහිමි වෙන්නේ ඒකට උවමනා කරන උත්සාහය නැතිකමින්. අකුසලය හොඳට හිතේ පිහිටනවනෙ මේ කාලේ. කවුරුහරි බැන්නොත් සැර දැවොත් ඇලපිලි ඉස්පිලි ගානේ ඒක හිතේ පිහිටනවා. "මෙහෙමයි කිව්වේ මට.... මං දිහා මෙහෙමයි බැලුවේ.... මං එනකොට කාරලා කෙළ ගහලා ගියා....' කියලා එකක් ගානේ හිතේ පිහිටනවා.

ඒක තමයි අපේ හිතේ තියෙන පිරිහෙන ස්වභාවය. ඒ පිරිහෙන ස්වභාවය තුළ හිත පිහිටන්නේ පිරිහෙන දේවල් වලමයි. පිරිහෙන යුගයේදී හිත ශ්‍රේෂ්ඨ දෙයක පිහිටන්නේ නෑ. ළාමක දේවල් වල හිත වේගයෙන් පිහිටනවා. මේ බණ අහනවා. තිකම් හීනයක් දැක්කා වගේ. ටික වෙලාවකින් අහපු බණ මතක නෑ. හීන දැක්කට මතක හිටින්නෙ නෑනේ. ඒ වගේ. ඒ නිසා තමයි මම අර විදිහට ලියන්න පුරුදු වෙන්න කියලා කිව්වේ.

මේ පටිච්ච සමුප්පාදය මනාකොට අවබෝධ කළොත්....

ඊළඟට බුදුරජාණන් වහන්සේ විස්තර කරනවා " මහණෙනි, යම් දවසක ආර්ය ශ්‍රාවකයා (ඒ කියන්නේ භාග්‍යවතුන් වහන්සේ සරණ ගිය ශ්‍රාවකයා) මේ පටිච්ච

සමුප්පාදය ඔය විදිහටම දැනගත්තොත්, මොකක්ද පටිච්ච සමුප්පාදය ඔය විදිහටම දැනගන්නවා කියන්නේ? ජරාමරණ හටගන්නේ ඉපදීම නිසා කියලා දැනගත්තොත්, ඊළඟට ඉපදීම හටගන්නේ භවයෙන් කියලා දැනගත්තොත්, ඊළඟට භවය හටගන්නේ උපාදානයෙන් කියලා දැනගත්තොත්,

ඊළඟට උපාදාන හටගන්නේ තණ්හාවෙන් කියලා දැනගත්තොත්, තණ්හාව හටගන්නේ විඳීමෙන් කියලා දැනගත්තොත්, විඳීම හටගන්නේ ස්පර්ශයෙන් කියලා දැනගත්තොත්, ස්පර්ශය හටගන්නේ ආයතන හයෙන් කියලා දැනගත්තොත්, ඊළඟට ආයතන හය හටගන්නේ නාමරූපයෙන් කියලා දැනගත්තොත්, නාමරූප හටගන්නේ විඤ්ඤාණයෙන් කියලා දැනගත්තොත්, විඤ්ඤාණය හටගන්නේ සංස්කාරයෙන් කියලා දැනගත්තොත්, සංස්කාර හටගන්නේ අවිද්‍යාවෙන් කියලා දැනගත්තොත් එතකොට එක කොටසක් හරි.

පටිච්චසමුප්පන්න ධර්මයන් මනාකොට අවබෝධ කළොත්....

ඊළඟට යම් කලෙක මේ පටිච්ච සමුප්පන්න ධර්මයන් ඒ විදිහටම දැනගත්තොත්, ඒ කිව්වේ ජරාමරණ අනිත්‍යයි කියලා දැනගත්තොත්, සංඛතයි කියලා දැනගත්තොත්, පටිච්ච සමුප්පන්නයි කියලා දැනගත්තොත්, ක්ෂය වී යන ස්වභාවයක් කියලා දැනගත්තොත්, නැසී යන ස්වභාවයක් කියලා දැනගත්තොත්, ඇල්ම දුරුකළයුතු ස්වභාවයක් කියලා දැනගත්තොත්, ඇල්ම නිරුද්ධ කළයුතු ස්වභාවයක් කියලා දැනගත්තොත්,

ඊළඟට ඒ ආකාරයෙන්ම ඉපදීම ගැන දැනගත්තොත්, ඒ ආකාරයෙන්ම භවය ගැන දැනගත්තොත්, ඒ ආකාරයෙන්ම උපාදාන ගැන දැනගත්තොත්, ඒ ආකාරයෙන්ම තණ්හාව ගැන දැනගත්තොත්, ඒ ආකාරයෙන්ම විඳීම ගැන දැනගත්තොත්, ඒ ආකාරයෙන්ම ස්පර්ශය ගැන දැනගත්තොත්, ඒ ආකාරයෙන්ම ආයතන හය ගැන දැනගත්තොත්, ඒ ආකාරයෙන්ම නාමරූප ගැන දැනගත්තොත්, ඒ ආකාරයෙන්ම විඤ්ඤාණය ගැන දැනගත්තොත්,

අතීතය ගැන සැක හිතෙන්නෙ නෑ....

ඒ ආකාරයෙන්ම සංස්කාර ගැන දැනගත්තොත්, ඒ ආකාරයෙන්ම අවිද්‍යාව ගැන දැනගත්තොත්, ඒ කියන්නේ පටිච්ච සමුප්පාදයත් ඒ ආකාරයෙන්ම දැනගෙන පටිච්ච සමුප්පන්න ධර්මයත් ඒ ආකාරයෙන්ම දැනගත්තොත් මේකේ හරි ලස්සන වචනයක් කියනවා. **සම්මප්පඤ්ඤාය සුදිට්ඨා හොන්ති.** මනා ප්‍රඥාවෙන් දැක්කොත් එයාට තමන්ගේ අතීතය ගැන සැක හිතෙන්නෙ නෑ කියනවා. 'අතීතයේ මං කොහොම වෙලා උන්නද මන්ද.... අතීතයේ මං උන්නේ නැතුවද මන්ද.... මං මේ සංසාරේ කලින් ඇවිල්ලා නැද්ද දන්නෙ නෑ....' කියලා ඒ විදිහට අතීතය ගැන සැක සංකා හටගන්නේ නෑ කියනවා.

අනාගතය ගැන සැක හිතෙන්නෙත් නෑ....

ඊළඟට අනාගතය ගැන 'මං ආයෙ අනාගතයේ උපදියිද දන්නෙ නෑ.... මං අනාගතයේ උපදින්නෙ නැද්ද දන්නෙ නෑ.... අනාගතයක් තියේවිද දන්නෙ නෑ....' කියලා අනාගතය ගැන මේ විදිහේ සිතිවිලි පස්සේ කල්පනා කර

කර යන එක නැතුව යනවා. සාමාන්‍යයෙන් අපිට 'මං අතීතයේ කොහොම වෙලා හිටියද දන්නෙ නෑ. කවුරු වෙලා හිටියද දන්නෙ නෑ. මොන නමින් හිටියද දන්නෙ නෑ. මොන විදිහට හිටියද දන්නෙ නෑ කියලා ඒ ගැන දැනගන්න ආසාවක් තියෙනවා නේද?

කවුරුත් ආසා අතීතයේ රජවරු වෙලා රැජිණියෝ වෙලා හිටියද කියලා දැනගන්නයි. 'මං අතීතයේ රජ වෙලා හිටියද දන්නෙ නෑ. ඇමතියෙක් වෙලා හිටියද දන්නෙ නෑ. අතීතයේ මං රැජිණක් වෙලා හිටියද දන්නෙ නෑ. කුමාරිකාවක් වෙලා හිටියද දන්නෙ නෑ' කියලා මේ විදිහට තමන්ට ආඩම්බර වෙන දේවල් අතීතයේ මං ගැන වෙලා තියෙනවද දන්නේ නෑ කිය කිය හිත හිත ඉන්නවා.

අතීතයේ කොහොම හිටියත් ඒ හැම එකක් ම අර ලක්ෂණ හතෙන් යුක්තයි....

ඇයි හේතුව? අතීතයේත් ජරාමරණ හටගත්තේ ඉපදීම නිසා කියලා මෙනෙහි කරපු නැති එක. ඉපදුනේ භවය නිසා කියලා මෙනෙහි කරපු නැති එක. භවය හටගත්තේ උපාදාන නිසා කියලා මෙනෙහි කරපු නැති එක. එහෙම මෙනෙහි කළා නම් එයාට පැහැදිලි වෙනවා අතීතයේ මොන රජෙක් වෙලා, මොන සිටුවරයෙක් වෙලා, මොන නම්බුනාම ඇතුව හිටියත් ඒ හැම එකක් ම අර ලක්ෂණ හතෙන් යුක්තයි කියලා.

දැන් අපි 'අනාගතයේ මං කොහොම වෙයිද දන්නෙ නෑ.... මං කවුරු වෙයිද දන්නෙ නෑ....' කිය කිය අනාගතය ගැන කල්පනා කරනවා කියමු. එහෙම අනාගතය ගැන කොහොම කල්පනා කළත් ඒ කොහෙත්

තියෙන්නේ මොකක්ද? ඉපදෙනවා නම් භව පච්චයා ජාති. භවය හටගන්නවා නම් උපාදාන පච්චයා භවෝ. වර්තමානය ගැනත් අපි 'මම මෙහෙම කෙනෙක්.... මං මේ පරම්පරාවේ.... අපේ පරම්පරාව මෙහෙමයි.... අපි මෙහෙම හිටියේ....' කිය කිය කල්පනා කරනවනෙ.

මෝඩකමට බෙහෙත් නෑ....

එහෙම නැතුව අතීතය ගැනත් පටිච්ච සමුප්පාදය අනුව මෙනෙහි කරනවා නම්, අනාගතය ගැනත් පටිච්ච සමුප්පාදය අනුව මෙනෙහි කරනවා නම්, වර්තමානය ගැනත් පටිච්ච සමුප්පාදය අනුව බලනවා නම් බුදුරජාණන් වහන්සේ වදාළා එයාට මොකුත් සැකයක් හටගන්නෙ නෑ කියලා. මට මතකයි ඉස්සර දකුණු ඉන්දියාවෙන් ආපු බිස්නස් කාරයෝ වගයක් නාඩි වාක්‍ය කියලා හොඳට මෙහෙන් හම්බ කරගෙන ගියා.

මට මතක හැටියට කොල්ලුපිටියේ තමයි ඒක කළේ. අපේ මිනිස්සුත් පෝලිමේ ගියා. ඒ නාඩි වාක්‍ය වල එක එක පරිච්ඡේද පරිච්ඡේද පහළවක් තියෙනවා. එක පරිච්ඡේදයකට රුපියල් පන්දාහක්ද දෙදාහක්ද ගන්නවා. ඉතින් කලින් ආත්මේ හිටපු තැන්, ලබන ආත්මේ යන තැන් ගැන කියනවා. අපේ මිනිස්සුත් යන්තම් කීයක් හරි අරගෙන ගිහිල්ලා ඔන්න එක පාරක් චැප්ටර්ස් දෙකක් තුනක් කියවගන්නවා. ඊට පස්සේ ආයෙ තව කීපයක් කියව ගන්නවා. මෙහෙම තමයි යන්නේ.

ඔක්කොම උපදින්නේ තමිල්නාඩුවේ....

ඊට පස්සේ ඔන්න ඊළඟ ආත්මෙත් බලාගන්නවා. ඒ කාලේ අපිත් එක්ක කොළඹ මහත්තුරු නෝනලා

ඇවිල්ලා ඔය ගැන කියනවා. ඒගොල්ලෝ කියන විදිහට ඒ ඔක්කොම උපදින්නේ තමිල්නාඩුවේ. එහේ කියනවා උපදින්න තියෙන්නේ. ඉතින් මෝඩ මිනිස්සු සතුටු වෙලා එනවා. එතකොට බලන්න බෞද්ධයි කියලා හිටියට බුදු දහම ලැබිලා නැහැනේ. ඒ නාඩි වාක්‍ය කියන මනුස්සයා ළඟ රත්තරන් පිරිලා. කාගේ සල්ලිද? අර මෝඩයින්ගේ සල්ලි. ඇයි මේ හේතුව? පටිච්ච සමුප්පාදය දන්නෙ නැතිකම. කවුරුහරි ගිය ආත්මේ ගැන, ලබන ආත්මේ ගැන කියනවා නම් අපි ඒක පස්සේ දුවනවා. ඇයි අපේ කුතුහලයක් තියෙනවා අතීතය ගැනත් අනාගතය ගැනත්. අපි මේ කුතුහලය සංසිඳුව ගන්න තමයි යන්නේ.

ආර්ය ශ්‍රාවකයාගේ ස්වභාවය....

දැන් බලන්න මේ දේශනාවේ කියනවා පටිච්ච සමුප්පාදය ගැනත් පටිච්ච සමුප්පන්න කාරණා ගැනත් යථාර්ථය ප්‍රඥාවෙන් මනාකොට දැක්කොත් අතීතය ගැන තියෙන කුතුහලයත් නැතුව යනවා. අනාගතය ගැන තියෙන කුතුහලයත් නැතුව යනවා. වර්තමානය ගැන තියෙන කුතුහලයත් නැතුව යනවා කියලා. **තං කිස්ස හේතු?** මොකක්ද ඒකට හේතුව? මහණෙනි, මේ පටිච්ච සමුප්පාදයත් පටිච්ච සමුප්පාදයෙන් උපන්න දේවල් වලත් යථාර්ථය ප්‍රඥාවෙන් මනාකොට දැකගත්තු ආර්ය ශ්‍රාවකයාගේ ස්වභාවය එහෙම තමයි කියනවා. ඒ නිසා අපටත් මේ කරුණු කාරණා හොඳින් තේරුම් අරගෙන පටිච්ච සමුප්පාදයත් පටිච්ච සමුප්පන්න ධර්මයනුත් අවබෝධ කරගන්න වාසනාව ලැබේවා!

සාදු! සාදු!! සාදු!!!

02.
සවස් වරුවේ ධර්ම දේශනය...

ශ්‍රද්ධාවන්ත පින්වත්නි,

අපි මේ වෙද්දි පටිච්ච සමුප්පාදය හටගන්නා ආකාරයත් පටිච්ච සමුප්පාදය නිරුද්ධ වෙන ආකාරයත් බුදුරජාණන් වහන්සේගේ දේශනා වලින් ඉගෙන ගන්නට යෙදුනා. ඒ වගේම අපි ඉගෙන ගත්තා පටිච්ච සමුප්පාදය (හේතුඵල සකස්වෙන රටාව) සහ පටිච්ච සමුප්පන්න (පටිච්ච සමුප්පාදයෙන් හටගන්න) දෙයත්. පටිච්ච සමුප්පාදය හරි විදිහට කෙනෙක් අවබෝධ කළොත් ඒ වගේම පටිච්ච සමුප්පාදයෙන් හටගත්තු දේවල් හරි විදිහට අවබෝධ කළොත් ඒකේ ප්‍රතිඵලය තමයි විශේෂයෙන්ම එයා කුසල් අකුසල් ගැන පැහැදිලිව තේරුම් ගන්නවා.

ඒ වගේම බුදුරජාණන් වහන්සේ දේශනා කළා එයාට සන්දේහ (සැක) නැතුව යනවා. අතීතය ගැන තියෙන කුතුහලයත් නැතුව යනවා. අනාගතය ගැන තියෙන කුතුහලයත් නැතුව යනවා. වර්තමානය ගැන තියෙන කුතුහලයත් නැතුව යනවා. කුතුහලය කියන්නේ එයාට යම්කිසි දෙයක් ගැන දැනගන්න ආසයි. නමුත්

එයා ඒ ගැන හරියටම දන්නෙ නෑ. ඒකට තමයි කුතුහලය කියන්නේ. කුතුහලය ඇතිවුනාට පස්සේ එයා පෙළඹෙනවා ඒ සම්බන්ධයෙන් හොයන්න.

ප්‍රත්‍යය කියන්නේ පැවැත්මට උපකාරී වන දේ....

එතකොට යම්කිසි දෙයක් ගැන කුතුහලයක් නැත්නම්, පැහැදිලි නම්, එයාට අමුතුවෙන් ඒ ගැන හොයන්න දෙයක් නෑ. ඒ ගැන තමයි අපි උදේ වරුවේ ඉගෙන ගත්තේ. දැන් මේ හවස් වරුවේ ඉගෙන ගන්නෙත් ඒ පටිච්ච සමුප්පාදයේ එක් එක් අංගය ගැන හතර ආකාරයකින් විස්තර කෙරෙන පච්චය කියන සූත්‍ර දේශනාව. පච්චය කියන්නේ ප්‍රත්‍යය. ප්‍රත්‍යය කිව්වේ උපකාර වෙන දේ. දැන් අපි ගත්තොත් සිව්රු, පිණ්ඩපාත, සේනාසන, ගිලන්පස කියන මේ සිව්පසයට ප්‍රත්‍යය පහසුකම් කියලා කියනවා. ඒ කිව්වේ පැවැත්මට උපකාරී වෙන දේ. නැවත නැවත මේ සත්වයා දුක කරා ගෙනියන්න උපකාර වෙන දේටත් ප්‍රත්‍යය කියලයි මේකේ කියන්නේ.

බුදුරජාණන් වහන්සේ මේ ප්‍රත්‍යය ගැන කියන දේශනාවේ ඔන්න ඉස්සෙල්ලාම පටිච්ච සමුප්පාදය ගැන විස්තර කරනවා. "**අවිජ්ජා පච්චයා සංඛාරා. සංඛාර පච්චයා විඤ්ඤාණං. විඤ්ඤාණ පච්චයා නාමරූපං. නාමරූප පච්චයා සළායතනං. සළායතන පච්චයා ඵස්සෝ. ඵස්ස පච්චයා වේදනා. වේදනා පච්චයා තණ්හා. තණ්හා පච්චයා උපාදානං. උපාදාන පච්චයා භවෝ. භව**

පච්චයා ජාති. ජාති පච්චයා ජරාමරණං සෝකපරිදේව දුක්ඛදෝමනස්සුපායාසා සම්භවන්ති. ඒවමේතස්ස කේවලස්ස දුක්ඛක්ඛන්ධස්ස සමුදයෝ හෝති"

පටිච්ච සමුප්පාදය සහ පටිච්ච සමුප්පන්න ධර්මය....

ඔය පටිච්ච සමුප්පාදයේ අංග තමයි අපි මෙතෙක් දවස් ඉගෙන ගත්තේ. ඒ ගැන නැවත නැවත අපි පැහැදිලි කරගත්තා. අද උදේ වරුවේ අපි ඉගෙන ගත්තා පටිච්ච සමුප්පාදය තුළ ජරාමරණ හටගත්තොත් හටගන්නේ ඉපදීම නිසා, ඉපදීම හටගත්තොත් හටගන්නේ භවය නිසා කියලා. ඒ ගැන සැක තියාගන්න ඕන නෑ. ඉපදීම හටගන්න වෙනත් හේතුවක් නෑ. ඉපදීම හටගන්න හේතු වෙන්නේ භවයමයි. භවය හටගන්න වෙනත් හේතුවක් නෑ. භවය හටගන්න හේතුවන්නේ උපාදානමයි. ඒ විදිහට තමයි ඒ කෙරෙහි හිතේ පැහැදීම ඇතිකර ගත යුත්තේ.

ඊළඟට බුදුරජාණන් වහන්සේ විස්තර කළා පටිච්ච සමුප්පන්න ධර්මය. පටිච්ච සමුප්පාදයෙන් උපන්න දේවල්. මොනවද ඒ? ජරාමරණ, ඉපදීම, භවය, උපාදාන, තණ්හාව, විඳීම, ස්පර්ශය, ආයතන හය, නාමරූප, විඤ්ඤාණය, සංස්කාර, අවිද්‍යාව. මේ ඔක්කොම පටිච්ච සමුප්පාදයෙන් හටගත්තු (පටිච්චසමුප්පන්න) දේවල්. ඒ පටිච්ච සමුප්පාදයෙන් හටගත්ත දේවල් වල තියෙන ලක්ෂණ මොනවද? අනිත්‍යයි. සංඛතයි. පටිච්ච සමුප්පන්නයි. ඛයධම්මං. වයධම්මං. විරාගධම්මං. නිරෝධධම්මං. එතන ලක්ෂණ හතක් ගැන විස්තර කළා.

ජරාව කියන්නේ නාකිවීමටයි....

ඉතින් බුදුරජාණන් වහන්සේ මේ දේශනාවේ විස්තර කරනවා මෙහෙම. "මහණෙනි, ජරාමරණ යනු මොනවාද?" දැන් ඔන්න උන්වහන්සේ ජරාමරණ කියන එක ගැන තෝරලා දෙනවා. **යා තේසං තේසං සත්තානං තම්හි තම්හි සත්තනිකායේ** ඒ ඒ සත්වයන්ගේ ඒ ඒ සත්වලෝක වල. **යා ජරා** යම් ජරාවට පත්වීමක් ඇද්ද, සාමාන්‍යයෙන් එදිනෙදා ව්‍යවහාරයේ අපි ජරාව කියලා කියන්නේ කක්කා වලට නේ. පාරේ යද්දි බල්ලෙකුගේ වසුරු පෑගුනොත් අපි කියනවා අපිට ජරාවක් පෑගුනා කියලා.

එතකොට ජරාව කියන වචනයෙන් අපි ගොඩක් දුරට හිතන්න පුරුදු වෙලා තියෙන්නේ පිළිකුල් සහගත දෙයක්. මෙතන ජරාව කියලා කියන්නේ නාකි වීම. **ජීරණතා** දිරාගෙන යෑම. **ඛණ්ඩිච්චං** දිරාගෙන යද්දි දත් කැඩෙනවා. අතපය කැඩෙනවා. **පාලිච්චං** කෙස් පැහෙනවා. මේ ඔක්කොම ජරාවට අයිති දේවල්. ඊළඟට **වලිත්තචතා** රැළිගැහුනු හම ඇතිවෙනවා. ලෝකෙ කිසි කෙනෙකුට මොනවා ආලේප කළත් ඒක නවත්තන්න බෑ. **ආයුනෝ සංහානි** ආයුෂ ඉවර වෙනවා. **ඉන්ද්‍රියානං පරිපාකෝ** ඇස් කන් ආදී ඉන්ද්‍රියයන් මෝරලා යනවා.

මොනවා කළත් මේක නවත්තන්න බෑ....

ඉපදිච්ච එක්කෙනාට උරුම වෙන දේවල් ටික තමයි මේ කියන්නේ. මොන උපාය කළත් මේක නවත්තන්න බෑ. **අයං වුච්චති ජරා** මේකටයි ජරාව කියන්නේ. මේ නාකි වීම එක එක්කෙනාට එක එක

විදිහට වෙනවා. තරුණ කාලේ හොඳට හිටපු අය නාකි වෙලා ගිහින් ඇවිදගන්න බැරුව, ඇස් පේන්නෙ නැතුව, කන් ඇහෙන්නෙ නැතුව, ඇඟපත වාරු නැතුව, ඊළඟට ඇඳේම කක්කා දාගෙන, ඇඳේම චූ දාගෙන, සෙම සොටු හලාගෙන ඉන්න අවස්ථාවල් වලට පත්වෙනවා. ඒක මොනයම්ම හේතුවකටවත් කාටවත් වළක්වන්න බෑ. ඒක සත්තුන්ටත් වෙනවා.

ඊළඟට බුදුරජාණන් වහන්සේ විස්තර කරනවා **යා තේසං තේසං සත්තානං තම්හා තම්හා සත්තනිකායා** ඒ ඒ සත්වයන්ගේ ඒ ඒ සත්ව ලෝක වලින් යම් චුත වීමක් ඇද්ද, (මැරෙනවා කියන එක ගැනයි මේ විස්තර කරන්නේ) **චවනතා** චුතවෙන ස්වභාවයක් ඇද්ද, **භේදෝ** බිඳී යාමක් ඇද්ද, **අන්තරධානං** නොපෙනී යාමක් ඇද්ද, **මච්චු මරණං** මරණයට පත්වීමක් ඇද්ද, **කාලකිරියා** කලුරිය කිරීමක් ඇද්ද, **ඛන්ධානං භේදෝ** ස්කන්ධයන්ගේ බිඳී යාමක් ඇද්ද, **කලේබරස්ස නික්ඛේපෝ** මෘත ශරීරයේ බහාතැබීමක් ඇද්ද, **ජීවිතින්ද්‍රියස්ස උපච්ඡේදෝ** ජීවිතය නමැති ඉන්ද්‍රිය බිඳී යාමක් ඇද්ද, **ඉදං වුච්චති මරණං** මේකට තමයි මරණය කියලා කියන්නේ.

ක්ෂණයක් පාසා මැරෙනවා....?

එහෙම මිසක් ක්ෂණයක් ක්ෂණයක් පාසා මැරි මැරී යන කතාවක් බුද්ධ දේශනාවේ නෑ. බුදුරජාණන් වහන්සේ ජරාමරණ කියලා යමක් විස්තර කළාද, ඒ අඩුපාඩු සහිත විස්තරයක් නෙමෙයි. ඒක සම්පූර්ණ වූ විස්තරයක්. ඒක ශාස්තෘන් වහන්සේගේ විග්‍රහය. උන්වහන්සේට වඩා අපිට වැඩිපුර වැටහෙන්න විදිහක් නෑ. ඇයි හේතුව? ජරාමරණ සම්පූර්ණයෙන්ම අවබෝධ

කරලා, ජරාමරණයෙන් නිදහස් වුනේ බුදුරජාණන් වහන්සේයි. එහෙනම් උන්වහන්සේගේ අවබෝධය පරිපූර්ණ එකක්.

ඉති අයඤ්ච ජරා ඉදඤ්ච මරණං. ඉදං වුච්චති භික්ඛවේ ජරාමරණං. මහණෙනි, මේ ජරාවත් මේ මරණයත් කියන දෙකට ජරාමරණ කියලා කියනවා. ඊළඟට උන්වහන්සේ වදාළා **ජාති සමුදයා ජරාමරණ සමුදයෝ.** ඉපදීම හටගැනීමෙන් ජරාමරණ හටගනී. ඒක දෙවෙනි කරුණ. පළමුවෙන්ම එයා ජරාමරණ මොකක්ද කියලා දැනගන්නවා. දෙවෙනියට ජරාමරණ හටගන්නේ මොකෙන්ද කියලා දැනගන්නවා. තුන්වෙනි එක ඉපදීම හටගැනීමෙන් නම් ජරාමරණ හටගන්නේ **ජාති නිරෝධා ජරාමරණ නිරෝධෝ.** ඉපදීම නිරුද්ධ වීමෙන් ජරාමරණ නිරුද්ධ වෙනවා.

ඉපදීම නිරුද්ධ වීමෙන් ජරාමරණ නිරුද්ධ වෙනවා....

අණ්ඩජ උපතකුත් නැත්නම්, ජලාබුජ උපතකුත් නැත්නම්, සංසේදජ උපතකුත් නැත්නම්, ඕපපාතික උපතකුත් නැත්නම්, ඒ කියන්නේ මොනයම්ම ක්‍රමයකින්වත් මොනම විදිහකින්වත් අපිට උපත කියන එක නැත්නම් ඉපදීම නිරුද්ධ වුනහම ජරාමරණ නිරුද්ධ වෙලා යනවා. දැන් අපි කරුණු තුනක් ගැන ඉගෙන ගත්තා. මොනවද ඒ? ජරාමරණ කියන්නේ මොකක්ද කියලා අපි ඉගෙන ගත්තා. ඒක පළවෙනි එක. ඊළඟට ඉපදීම හටගැනීමෙන් ජරාමරණ හටගනී කියලා ඉගෙන ගත්තා. ඒක දෙවෙනි එක. ඊළඟට ඉපදීම නිරුද්ධ වීමෙන්

ජරාමරණ නිරුද්ධ වෙයි කියලා ඉගෙන ගත්තා. ඒක තුන්වෙනි එක.

හතරවෙනි එක **අයමේව අරියෝ අට්ඨංගිකෝ මග්ගෝ ජරාමරණ නිරෝධ ගාමිනී පටිපදා.** මේ ජරාමරණ නිරුද්ධ වීමේ ප්‍රතිපදාව ආර්ය අෂ්ටාංගික මාර්ගයයි. එතකොට මේ පටිච්ච සමුප්පාදයේ එක් එක් අංගයන් ගැන අපි මේ හතර ආකාරයෙන්ම බලන්න පුරුදු වෙන්න ඕනෙ. දැක්කද මේ පටිච්ච සමුප්පාදය ගැන බුදුරජාණන් වහන්සේ මෙනෙහි කරන්න කියලා දීලා තියෙන ක්‍රම. මේ ක්‍රම අපි දන්නෙ නැත්නම් හුදෙක් අපිට ඒක මතකයක් හැටියට විතරක් තියේවි. ඊට පස්සේ වාද කර කර ඉඳීවි. මේකෙන් නිදහස් වෙන්නෙ නම් නෑ.

දුකෙන් මිදීමේ මග....

ආර්ය අෂ්ටාංගික මාර්ගය තමයි ජරාමරණ නිරුද්ධ වන්නා වූ මාර්ගය. මොකක්ද ඒ ආර්ය අෂ්ටාංගික මාර්ගය? සම්මා දිට්ඨි. සම්මා සංකල්ප, සම්මා වාචා. සම්මා කම්මන්ත, සම්මා ආජීව. සම්මා වායාම. සම්මා සති. සම්මා සමාධි. ඔය කියපු ආර්ය අෂ්ටාංගික මාර්ගය තුළ කෙනෙක් ජීවමාන වුනොත්, ඊළඟට කෙනෙක් තුළ ඔය කියපු ආර්ය අෂ්ටාංගික මාර්ගය ජීවමාන වුනොත් ජරාමරණ නැතුව යනවා.

එතකොට ආර්ය අෂ්ටාංගික මාර්ගය කෙනෙකුගේ කයේ වචනයේ සිතිවිලි වල හැම තිස්සෙම ක්‍රියාත්මක වෙලා තිබුනොත් එයා නිදහස් වෙනවා. ආර්ය අෂ්ටාංගික මාර්ගය තමයි නිදහස් වීමේ ප්‍රතිපදාව. ඒ ආර්ය අෂ්ටාංගික මාර්ගයේ සම්මා දිට්ඨිය කිව්වේ

මොකක්ද? **දුක්ඛේ ඤාණං.** දුක ගැන තියෙන අවබෝධය. **දුක්ඛ සමුදයේ ඤාණං.** දුක හටගන්න හේතුව ගැන තියෙන අවබෝධය. **දුක්ඛ නිරෝධේ ඤාණං.** මේ දුක නිරුද්ධ වෙන්නේ මෙහෙමයි කියලා තියෙන අවබෝධය. **දුක්ඛ නිරෝධගාමිනී පටිපදාය ඤාණං.** දුක නිරුද්ධ වීමේ ප්‍රතිපදාව මේකයි කියලා තියෙන අවබෝධය තමයි සම්මා දිට්ඨිය.

සම්මා දිට්ඨියෙන් යුක්ත කෙනාට සම්මා සංකල්පය තියෙනවා....

සම්මා සංකල්ප කියන්නේ මේ දුක හටගන්න දෙයින් නිදහස් වීමේ අදහස. ඒකට කියනවා නෙක්ඛම්ම සංකල්පය කියලා. ඊළඟට අව්‍යාපාද සංකල්පය. ඒ කියන්නේ නොගැටී ඉන්නවා. ව්‍යාපාද නැතුව ඉන්නවා. ඊළඟට අවිහිංසා සංකල්ප. විහිංසා සංකල්පය නැතුව ඉන්න ඕන. විහිංසා කියන්නේ අන් අයව පීඩාවට පත්කිරීම. අන් අය අපහසුතාවයට පත්කිරීම. අන් අය කරදර වලට පත්වෙනවට සතුටුකම. අන්න ඒ අදහස නැතුව සිටීම තමයි අවිහිංසා සංකල්ප කියලා කියන්නේ.

සම්මා දිට්ඨියෙන් යුක්ත කෙනාට මේ සම්මා සංකල්පය තියෙනවා. ඒ කියන්නේ එහෙනම් එයා තුළ කුසල් පිහිටලා. කොරෝධ, ඊර්ෂ්‍යා, පළිගැනිලි, වෛර කිරිලි, එකට එක කිරිලි, ගැරහිලි, අපහාස, මේ ඔක්කෝම මිත්‍යා දෘෂ්ටියෙන් හටගන්නේ. සම්මා දිට්ඨියෙන් හටගන්නෙ නෑ. මං ඒකයි කිව්වේ හරි විදිහට පටිච්ච සමුප්පාදය අහුවුනොත් එයා කුසලය හඳුනාගන්නවා. අකුසලය හඳුනාගන්නවා.

නුවණැත්තෙක් තමයි මේ විදිහට සිතිවිලි හසුරුවන්නේ....

එතකොට සම්මා දිට්ඨියයි සම්මා සංකල්පයයි අයිති ප්‍රඥාවට. ඒ කියන්නේ එහෙනම් නුවණැත්තෙක් තමයි ඒ විදිහට සිතිවිලි හසුරවන්නේ. නුවණැත්තෙක් තමයි මේකෙන් නිදහස් වෙන්න ඕනෙ කියලා කල්පනා කරන්නේ. නුවණැත්තෙක් තමයි ගැටි ගැටී යන්නෙ නැත්තේ. නුවණැත්තෙක් තමයි හිංසා සිතිවිලි වලින් බැහැර වෙන්නේ. නුවණ නැති එක්කෙනා අකුසල් සිතිවිලි වලටම පැටලි පැටලී යනවා.

බුදුරජාණන් වහන්සේගේ කාලේ වෙච්ච සිදුවීමක් තියෙනවා. වස්කාලෙක එක භික්ෂූන් වහන්සේ නමකට ඕන වුනා කුටියක් හදාගන්න. හදා දෙන්න කෙනෙක් හිටියේ නෑ. ඊට පස්සේ අතු කපා ගන්න ඕන වුනා වහලෙට දාන්න. ගහක් ළඟට ගිහිල්ලා අතු කපන්න හදනකොට ඒ ගහට අධිගෘහිත දේවතාවිය පේන්න ආවා. ඇවිල්ලා කිව්වා 'අනේ මේ ගහ කපන්න එපා. මේක මගේ විමානෙ' කිව්වා. ඒ වෙද්දි මේ හාමුදුරුවෝ පොරව උස්සලා ඉවරයි. කපන්න එපා කියද්දි මේ හාමුදුරුවන්ට මේක පාලනය කරගන්න බැරිවුනා.

මෙයා සිල්වත් කෙනෙක් වෙන්න ඇති....

ඒ දෙව්දුවට ඕපපාතිකව ලැබිච්ච දිව්‍ය පුත්‍රයෙකුත් හිටියා. ඒ පුත්‍රයාගේ අතකුත් කපාගෙන මේ පොරෝපාර ගහට වැදුනා. එතකොට ඒ දෙවියට ද්වේශයක් ඇතිවුනා මේ භික්ෂුව මරන්න ඇත්නම් කියලා. ඊට පස්සේ දෙවියම කල්පනා කළා 'මෙයා සිල්වත් කෙනෙක් වෙන්න ඇති.

මම මරලා පව් කරගන්නේ මොකටද? මං ගිහිල්ලා මේක පැමිණිලි කරනවා මුන්වහන්සේගේ ගුරුවරයාට' කියලා ඒ දේවතාවා අඬාගෙන ගියා බුදුරජාණන් වහන්සේ ළඟට.

ගිහිල්ලා කිව්වා 'අනේ ස්වාමීනී, මෙහෙම සිද්ධියක් වුනා. මට කෝපයක් හටගත්තා. මට මරන්න හිතුනා. එවෙලෙම මම හිතුවා මේක සුදුසු නෑ කියලා' එතකොට බුදුරජාණන් වහන්සේ ඒ දෙවියට කිව්වා 'බොහෝම හොඳයි දෙවිය, ඔබ කරපු වැඩේ. ඔබ ක්‍රෝධය එතනම ප්‍රහාණය කරපු එක බොහොම හොඳයි. මොකද ඔබ ක්‍රෝධ සිතින් ඒක කළා නම් ඔබ නිරයේ යනවා. ඒ භික්ෂුව සිල්වත් කෙනෙක්' කිව්වා. අන්න බලන්න ඒ දෙවියා නුවණ පාවිච්ච කරපු හැටි.

ප්‍රඥාවට අයිති දේවල්....

එතකොට වෛර බැඳගැනීම, ක්‍රෝධ කිරීම, හිංසා කිරීම කියන්නේ ප්‍රඥාවට අයිති දේවල් නෙමෙයි. ඉරිසියා නොකිරීම, ක්‍රෝධ නොකිරීම, පළිනොගැනීම, බද්ධවෛර නැතිබව, එකට එක නොකරන බව මේවා ඔක්කොම ප්‍රඥාවට අයිතියි. ආර්ය අෂ්ටාංගික මාර්ගයේ ඊළඟ අංගය තමයි සම්මා වාචා. ඒ කියන්නේ මුසාවාදා වේරමණී, බොරුකීමෙන් වැළකී සිටීම. පිසුණාවාචා වේරමණී, කේළාම් කීමෙන් වැළකී සිටීම.

කේළම් කියනවා කියන්නේ මොකක්ද? මෙතනින් මොකක් හරි කතාවක් ඇහෙනවා. ගෙදර ගිහින් ටෙලිෆෝන් කරලා අනිත් එක්කෙනාට කියනවා 'මේන්න අසවලා ඔයාට මෙහෙමයි කිව්වේ' කියලා. ඊළඟට එයා එකක් කියනවා 'ඕකුන් මෙහෙමයි' කියලා. එතකොට ඒක

අහගෙන ආයෙ අරයට කියනවා ඔයාට මෙහෙම කිව්වා නොවැ කියලා. ඒකට තමයි කේළම් කියනවා කියන්නේ. ඒකෙන් වැළකී සිටීම සම්මා වාචා.

වචනය පිළිබඳ සිල්වත්බව....

ඊළඟට **ඵරුසාවාචා වේරමණී.** ඵරුෂ වචනයෙන් වැළකී සිටීම. ඊළඟට **සම්පප්පලාපා වේරමණී.** ලාමක දේවල් කතා කරන එකෙන් වැළකී සිටීම. අන්න වචනය පිළිබඳ සිල්වත් බව. ජරාමරණ නිරුද්ධ වෙන මාර්ගය ගැන තමයි අපි දැන් මේ කතා කර කර ඉන්නේ. මේ මාර්ගාංග පුරුදු කළා නම් එයාගේ ජරාමරණ නැතිවෙලා යනවා. අපි හිතාගෙන ඉන්නේ ප්‍රාර්ථනා කිරීමෙන් කරගන්නනේ. ජරාමරණ නැතිවෙන එක ප්‍රාර්ථනාවෙන් වෙන්නෙ නෑ. දැන් මේ තියෙන්නේ ක්‍රමය.

සම්මා දිට්ඨියෙන් යුක්ත වෙන්න ඕනෙ. ප්‍රඥාවෙන් යුක්ත වෙන්න ඕනෙ. ප්‍රඥාවන්ත සිතිවිලි ඇති කෙනෙක් වෙන්න ඕනෙ. ප්‍රඥාවන්ත සිතිවිලි ඇතිබව කිව්වේ මොකක්ද? භව පැවැත්මට නොඇල්ම. ඒ කියන්නේ නෙක්ඛම්ම සංකල්පය. ඊළඟට නොගැටෙන එක. ඊළඟට හිංසා සිතිවිලි නැතිබව. ප්‍රඥාවන්ත එක්කෙනාගේ වචනයේ සිල්වත්බව මොකක්ද? බොරු කීමෙන් වැළකීම. කේළම් කීමෙන් වැළකීම. ඵරුෂ වචනයෙන් වැළකීම, හිස් වචනයෙන් වැළකීම.

කට වටකර වැට බැඳීම....

මේ විදිහට බොරුකීමෙන් වළකින්න නම්, කේළාම් කීමෙනුත් වළකින්න නම්, ඵරුෂ වචනයෙනුත් වළකින්න නම්, හිස් වචනයෙනුත් වළකින්න නම් එයා

තමන්ගේ කට පාලනය කරලා තියෙන්න ඕනෙ. ඒ කියන්නේ එයා කට තියෙන පලියට කියෝගෙන යන එක්කෙනෙක් නෙමෙයි. සම්මා දිට්ඨියෙන් යුක්ත කෙනා, සම්මා සංකල්පයෙන් යුක්ත කෙනා ප්‍රඥාවන්ත සිතිවිලි හිතන එක්කෙනෙක්නේ. එයාගේ වචනය සංවරයි. එයාගේ කටින් බොරු, කේළම්, එරුෂ වචන, හිස් වචන පිටවෙන්නේ නෑ.

ඊළඟට සම්මා කම්මන්ත. ඒ කියන්නේ නිවැරදි කායික ක්‍රියා. මොනවද ඒ? **පාණාතිපාතා වේරමණී.** සතුන් මැරීමෙන් වැළකී සිටිනවා. **අදින්නාදානා වේරමණී.** සොරකම් කිරීමෙන් වැළකී සිටිනවා. **කාමේසු මිච්ඡාචාරා වේරමණී.** වැරදි කාම සේවනයෙන් වැළකී සිටිනවා. එතකොට ඒ කෙනා කායික වශයෙනුත් සිල්වත්. ඊළඟට සම්මා ආජීවය. සම්මා ආජීවය කියන්නේ තමන්ගේ ජීවිත පැවැත්ම වෙනුවෙන් අධාර්මික දේවල් කරන්නෙ නෑ.

උඩින් ඔපේ.... යටින් හපේ....

සමහරවිට එයා දුප්පත් වෙන්න පුළුවන්. නමුත් එයා දැහැමි කෙනෙක්. කෙනෙක් ඉන්න පුළුවන් පෝසත් වගේ පිටට පේනවා. ලොකු වාහන අරගෙන, ලොකු තාප්ප බැඳලා, තාප්ප වලටත් කැමරා හයි කරලා, මහා විසාල බංගලාවක ඉන්නවා. හැබැයි ඉන්නේ අමු හොරෙක්. තක්කඩියෙක්. වංචාකාරයෙක්. කෙනෙක් ඉන්න පුළුවන් ඒගොල්ලන්ගේ ගෙදර තාප්ප බැඳලත් නෑ. පැල ඉණි වැටක් තියෙන්නේ. වතුර ටික අමාරුවෙන් ගේන්නේ. අමාරුවෙන් ජීවත් වෙන්නේ. හැබැයි දැහැමියි. එයා දුකින් මිදෙන මග යන කෙනෙක්. එහෙමයි මේක තෝරගන්න තියෙන්නේ.

ඉස්සෙල්ලාම කැමැත්ත ඇතිකර ගන්න ඕන....

ඊළඟට සම්මා වායාම. **අනුප්පන්නානං පාපකානං අකුසලානං ධම්මානං අනුප්පාදාය.** නූපන් පාපී අකුසල ධර්මයන් නූපදවීම පිණිස එයා ඉස්සෙල්ලාම මොකක්ද කරන්නේ? **ඡන්දං ජනේති.** කැමැත්ත ඇතිකරගන්නවා. එහෙනම් තමන් ඉස්සෙල්ලාම කැමති වෙන්න ඕනෙ තමන්ගේ අකුසල් නැතිකර ගන්න. තමන්ගේ අකුසල් නැති කරගන්න තමන් තුළ කැමැත්තක් නැත්නම් එයා කවදාවත් ඒ අකුසල් නැතිකර ගන්නේ නෑ. තමන් සුද්ධයි කිය කිය ඉඳියි ලෝකෙට.

වායමති. වෑයම් කරනවා. **විරියං ආරභති.** වීරිය පටන් ගන්නවා. **චිත්තං පග්ගණ්හාති.** සිත දැඩි කරගන්නවා. **පදහති.** බලවත්ව වීරිය ගන්නවා. ඊළඟට **උප්පන්නානං පාපකානං අකුසලානං ධම්මානං පහානාය.** උපන් පාපී අකුසල ධර්මයන් ප්‍රහාණය කිරීමට කැමැත්තක් ඇති කරගෙන ඒ සඳහා වීරිය කරනවා. ඊළඟට **අනුප්පන්නානං කුසලානං ධම්මානං උප්පාදාය.** නූපන් කුසල් දහම් උපදවා ගන්න **ඡන්දං ජනේති.** ආසාවක් උපදවා ගන්නවා.

ආසාවක් නැත්නම් වීරිය කරන්නෙ නැහැ....

මොනවද නූපන් කුසල් දහම්? ආර්ය සීලස්කන්ධය, ආර්ය සමාධිස්කන්ධය, ආර්ය ප්‍රඥාස්කන්ධය. මේ ඔක්කොම අපිට නූපන් කුසල් නෙමෙයිද? එතකොට නූපන් කුසල් උපද්දවා ගන්න එයාට ආසාවක් නැත්නම් එයා වීරිය කරන්නෙ නෑ. කයිවාරුවක් දැක්ක ගමන් අර සීනි වලට ඇඹලයා යනවා වගේ ගිහිල්ලා එයත්

අර කයිවාරුවට සෙට් වෙනවා. ඊටපස්සේ ඔහේ කියෝ කියෝ ඉන්නවා. නූපන් කුසල් දහම් උපදවන්න ආස කෙනා ඒ සඳහා වීරිය කරනවා.

බුදුරජාණන් වහන්සේ පිරිනිවන් පාන්න ආසන්න වෙච්ච වෙලාවේ භික්ෂූන් වහන්සේලා කොටසක් හිටියා වීරිය කිරීමක් නෑ. කම්මුලට අත තියන් 'අනේ හපොයි වෙච්ච දේ' කිය කිය ඔහේ කල්පනා කර කර හැඬූ කඳුළින් ඉන්නවා. ඔය අතරේ එක භික්ෂුවක් තනියම සක්මන් කරනවා. ආයෙ වාඩි වෙනවා. ආයෙ සක්මන් කරනවා. කා එක්කවත් කතා නෑ. අනිත් අය අඬ ගහනවා 'මෙහෙ වඩින්න.... මෙහෙ වඩින්න.... හරි වැඩේනේ දැන් අපිට වෙන දේ' කියලා ඇදලා ගන්න හදනවා. 'ආ... ඒක තමයි' කියලා මෙයා ආයෙත් යනවා අතනට. ගිහිල්ලා ආයෙ භාවනා කරනවා.

භාග්‍යවතුන් වහන්සේ පිරිනිවන් පාන්න කලින් රහත් වෙන්න ඕනෙ....

එතකොට අර භික්ෂූන් වහන්සේලා කතා වුනා 'අර බලන්න.... අර භික්ෂුවට කිසි ගාණක් නෑ. ශාස්තෘන් වහන්සේ පිරිනිවන් පාන්න හදන වෙලාවේ මෙච්චර විපත්තියක් සිද්ධ වෙන වෙලාවේ හැබෑට අර ගාණක් නැතුව ඉන්න හැටි' කියලා. මේ භික්ෂූන් වහන්සේලා මේ ගැන කොච්චර තක්සේරුවට ගියාද කියන්නේ බුදුරජාණන් වහන්සේ ළඟට ගිහිල්ලා පැමිණිලි කළා. 'භාග්‍යවතුන් වහන්ස, අපි මෙච්චර සෝක හරිතව ඉන්නවා. අපි සංවේගප්‍රාප්ත වෙලා ඉන්නවා. අර ධම්මාරාම කියන භික්ෂුව කිසි වගක් නැතුව අන්න පාඩුවේ සක්මන් කරනවා' කිව්වා. 'ආ... වඩින්න කියන්න' කිව්වා.

ඇහුවා 'ඇත්තද භික්ෂුව, මේ වගේ බරපතල වෙලාවක කිසි වගක් නැතුව ඉන්නවයි කියන්නේ?' එතකොට ඒ භික්ෂුව කියනවා 'ස්වාමීනී, මං මේ කල්පනා කළේ භාග්‍යවතුන් වහන්සේ පිරිනිවන් පාන්න කලින් මේ කෙලෙසුන් ප්‍රහාණය කරන්නයි' කිව්වා. එතකොට බුදුරජාණන් වහන්සේ සාදුකාර දීලා අනිත් භික්ෂූන් වහන්සේලාටත් මේ වගේ වෙන්න කිව්වා. ඒකට තමයි කියන්නේ නූපන් කුසල් උපද්දවන්න තියෙන කැමැත්ත කියලා. කැමැත්ත නැතුව කරන්න බෑ.

වීරිය නැතිකම ලොකු අර්බුදයක්....

සමහර අයට කුසල් උපදවන්න කැමැත්ත තියෙනවා. ඒත් අධිෂ්ඨානය නෑ. වීරිය නෑ. ඔන්න බුලත් හප හප ඉඳලා මේ බුලත්විට කෑම මට වැඩක් නෑ කියලා බුලත් හපේ එහෙමම විසි කරනවා. විසි කරලා කට හෝදගන්නවා. ආයෙ බුලත් කොලයක් දැක්ක ගමන් කටට කෙළ එනවා. ඊට පස්සේ අදට විතරක් හපනවා කියලා ආයෙත් බුලත් හපේ කටේ ඔබාගන්නවා. වීරිය නැතිකම අද මනුෂ්‍යයාට තියෙන ලොකු අර්බුදයක්. ඒ නිසා වීරිය නැති එක්කෙනා ගොඩාක් උපායශීලී වෙවී තමයි ඒක කරන්න ඕනෙ.

ඊළඟට **උප්පන්නානං කුසලානං ධම්මානං ඨිතියා අසම්මෝසාය භියෝභාවාය වේපුල්ලාය භාවනාය පාරිපූරියා.** උපන්න කුසල් දහම් තව තව දියුණු කරගැනීමට, තව තව විපුල බවට පත්කරගැනීමට, භාවනාවෙන් සම්පූර්ණ කරගැනීමට කැමැත්ත ඇතිකරගෙන ඒ සඳහා වීරිය කරනවා. බුදුරජාණන් වහන්සේ වීරිය වඩන කෙනාට තමයි ගොඩාක් ප්‍රශංසා කරලා තියෙන්නේ.

මඳ නුවණ ඇති කෙනා නැවත නැවත මව්කුසකට එනවා....

බුදුරජාණන් වහන්සේ පෙන්වා දෙනවා වහු පැටියෙක් කිරි බොන්න ආසාවෙන් මව් වැස්සි ළඟට දුවගෙන එනවා වගේ මඳ නුවණ ඇති කෙනා නැවත නැවත මව්කුසකට එනවා කියනවා. සමහරවිට සතෙකුගේ මව්කුසකට වෙන්නත් පුළුවන්. ඊළඟ මාර්ගාංගය තමයි සම්මා සති. සම්මා සති කියන්නේ නිවැරදි සිහිය. නිවැරදි සිහිය කියන්නේ කායානුපස්සනා, වේදනානුපස්සනා, චිත්තානුපස්සනා, ධම්මානුපස්සනා.

ඒ කියන්නේ කයේ ඇත්ත ස්වභාවය ගැන එයා හොඳ සිහියෙන් ඉන්නවා නම්, සැප දුක් උපේක්ෂා විඳීම් ගැන සිහියෙන් ඉන්නවා නම්, තමන්ගේ චිත්ත ස්වභාවය ගැන සිහියෙන් ඉන්නවා නම්, ඊළඟට පංච උපාදානස්කන්ධ ගැන, පටිච්ච සමුප්පාදය ගැන, ආයතන හය ගැන සිහියෙන් ඉන්නවා නම්, අන්න එයා සම්මා සතියෙන් යුක්තයි. සම්මා සමාධි කියලා කියන්නේ නීවරණ යටපත් කරලා සමාධියෙන් ඉන්න පුළුවන්කම. පළවෙනි ධ්‍යානය, දෙවෙනි ධ්‍යානය, තුන්වෙනි ධ්‍යානය, සතරවන ධ්‍යානය.

එක් ප්‍රත්‍යයක් සිව් අයුරකින්....

මේ කියපු ආර්ය අෂ්ටාංගික මාර්ගය තමයි ජරාමරණ නැතිවෙන මාර්ගය. එතකොට ජරාමරණ ගැන ආකාර කීයකින් දකින්න ඕනද අපි? ආකාර හතරකින්. කොහොමද ඒ? ජරාමරණ, ජරාමරණ හටගැනීම, ජරාමරණ නිරුද්ධ වීම, ජරාමරණ නිරුද්ධ වීමේ ප්‍රතිපදාව

නම් වූ ආර්ය අෂ්ටාංගික මාර්ගය. ජරාමරණ නිරුද්ධ වීමේ ප්‍රතිපදාව කියලා නවත්තන්න එපා. ජරාමරණ නිරුද්ධ වීමේ ප්‍රතිපදාව නම් වූ ආර්ය අෂ්ටාංගික මාර්ගය. එහෙමයි ඒක කියන්න තියෙන්නේ.

ඊළඟට බුදුරජාණන් වහන්සේ විස්තර කරනවා **කතමාච භික්ඛවේ ජාති.** මහණෙනි, ඉපදීම කියන්නේ මොකක්ද? **යා තේසං තේසං සත්තානං තම්හි තම්හි සත්තනිකායේ.** ඒ ඒ සත්වයන්ගේ ඒ ඒ සත්වලෝක වල. **ජාති** යම් ඉපදීමක් ඇද්ද, **සඤ්ජාති** හටගැනීමක් ඇද්ද, **ඔක්කන්ති** උපතකට බැසගැනීමක් ඇද්ද, **නිබ්බත්ති** ඉපදීමක් ඇද්ද, **අභිනිබ්බත්ති** විශේෂයෙන් ඉපදීමක් ඇද්ද, **ඛන්ධානං පාතුභාවෝ.** පඤ්ච උපාදානස්කන්ධයන්ගේ පහළ වීමක් ඇද්ද, **ආයතනානං පටිලාභෝ.** ඇස, කන, නාසය, දිව, කය, මනස යන ආයතනයන්ගේ ලැබීමක් ඇද්ද, **අයං වුච්චති භික්ඛවේ ජාති.** මහණෙනි, මේකට තමයි ඉපදීම කියලා කියන්නේ.

කොහේ උපන්නත් උපදින්නේ භවය නිසා....

එතකොට ක්ෂණික ඉපදීම කියලා එකක් මේකේ විස්තර වෙන්නේ නෑ. ක්ෂණික මරණයක් විස්තර වෙන්නෙත් නෑ. ලෝකෙ කොහේ උපන්නත්, මොන විදිහට උපන්නත් මේ කියපු විස්තරෙන් තමයි උපදින්න තියෙන්නේ. ඊළඟට **භවසමුදයා ජාති සමුදයෝ.** භවය හටගැනීමෙනුයි ඉපදීම හටගන්නේ. එහෙනම් අපි ලෝකේ කොහේ උපන්නත් උපදින්නේ භවය නිසා. චුති සිතට අනතුරුව උප්පත්තියක් වුනත් ඒ ඉපදිලා තියෙන්නෙත් භවය නිසා මිසක් වෙන ක්‍රමයකින් නෙමෙයි.

එහෙනම් ඉපදීමෙන් නිදහස් වෙන්න නම් මොකක්ද නැතුව යන්න ඕනෙ? භවය නැතුව යන්න ඕනෙ. **අයමේව අරියෝ අට්ඨංගිකෝ මග්ගෝ ජාතිනිරෝධ ගාමිනී පටිපදා.** ඉපදීම නිරුද්ධ වෙන ප්‍රතිපදාව මේ ආර්ය අෂ්ටාංගික මාර්ගයමයි. එතකොට ඉපදීම සම්බන්ධයෙන් තියෙන කරුණු හතර මොනවද? ඉපදීම කියන්නේ මොකක්ද කියලා දැනගත යුතුයි. භවය හටගැනීමෙන් උපත හටගන්න බව දැනගත යුතුයි. භවය නිරුද්ධ වීමෙන් ඉපදීම නිරුද්ධ වෙන බව දැනගත යුතුයි. ඉපදීම නිරුද්ධ වෙන මාර්ගය ආර්ය අෂ්ටාංගික මාර්ගය ම බව දැනගත යුතුයි.

ආර්ය අෂ්ටාංගික මාර්ගය හැර වෙන විසඳුමක් නෑ....

මේ පටිච්ච සමුප්පාදය සම්බන්ධයෙන් ශ්‍රාවකයෙක් අර උදේ කියපු ආකාරය අනිවාර්යයෙන්ම ඉගෙන ගන්න ඕනෙ. ඊළඟට දැන් මේ කියන ආකාරයත් අනිවාර්යයෙන්ම ඉගෙන ගන්න ඕනෙ. එහෙම නැතුව පටිච්ච සමුප්පාදය අවබෝධ කරන්න බෑ. මේ රටාව අල්ලගන්නෙ නැතුව සෝවාන් වෙන්නවත් බෑ. ඒ කිව්වේ ආර්ය අෂ්ටාංගික මාර්ගයට පැමිණෙන්න බෑ. ආර්ය අෂ්ටාංගික මාර්ගය ඇතිකර ගන්න එපැයි විසඳගන්න නම්. එකම විසඳුම තියෙන්නේ ආර්ය අෂ්ටාංගික මාර්ගයේ විතරයි. වෙන කොහෙවත් නෑ මේකට උත්තරයක්.

ඊළඟට බුදුරජාණන් වහන්සේ දේශනා කරනවා "මහණෙනි, භවය යනු කුමක්ද? මහණෙනි, භව තුනකි. මොනවද ඒ? කාම භව, රූප භව, අරූප භව" භවයෙන් තමයි සත්වයාව ඉපැද්දෙව්වේ. කාම ධාතුවේ විපාක විඳීම

පිණිස කර්ම සකස්වීම කාම භවයයි. රූප ධාතුවේ විපාක පිණිස කර්ම සකස්වීම රූප භවයයි. අරූප ධාතුවේ විපාක විඳීම පිණිස කර්ම සකස්වීම අරූප භවයයි. **උපාදාන සමුදයා භව සමුදයෝ.** උපාදාන හටගැනීමෙන් තමයි භවය හටගන්නේ. **උපාදාන නිරෝධා භව නිරෝධෝ.** උපාදාන නිරුද්ධ වීමෙන් භවය නිරුද්ධ වෙනවා.

භවය නිරුද්ධ වීම නිවනයි....

භවය නිරුද්ධ වෙන ප්‍රතිපදාව ආර්ය අෂ්ටාංගික මාර්ගයයි. එතනත් කරුණු හතරක් ඉගෙන ගන්න තියෙනවා. මොනවද ඒ? භවය යනු කුමක්ද? භවය හටගන්නේ මොකෙන්ද? භවය නිරුද්ධ වෙන්නේ කොහොමද? භවය නිරුද්ධ වන්නා වූ මාර්ගය මොකක්ද? ඒකට උත්තර හතර තියෙනවා. භවය යනු කුමක්ද? කාම භවය, රූප භවය, අරූප භවය. භවය හටගන්නේ මොකෙන්ද? උපාදාන හටගැනීමෙන් භවය හටගනී. භවය නිරුද්ධ වෙන්නේ කොහොමද? උපාදාන නිරුද්ධ වීමෙන් භවය නිරුද්ධ වෙයි. භවය නිරුද්ධ වන්නා වූ ප්‍රතිපදාව මොකක්ද? ආර්ය අෂ්ටාංගික මාර්ගයයි. අන්න එහෙම පැහැදිලි කරගන්න ඕනෙ.

ඇතුළත් අවුල් පිටත් අවුල්....

දැන් බලන්න එකක් එකක් ගානේ බුදුරජාණන් වහන්සේ විස්තර කරනවා මේවා. එහෙම විස්තර කරන්න හේතුව මොකක්ද? මේ සසරේ ඇවිද ඇවිද නානා ආත්ම වල වැටි වැටී ආපු අයනේ අපි. එක ආත්මෙක මනුස්සයෙක්. එක ආත්මෙක හරකෙක්. එක ආත්මෙක එළුවෙක්. එක ආත්මෙක ගැරඬියෙක්. එක

ආත්මෙක පත්තෑයෙක්. එක ආත්මෙක සෙම් සොටු කන පෙරේතයෙක්. එක ආත්මෙක නිරයේ. ආයෙ ඇවිල්ලා මනුස්සයෙක් වෙනවා. ආයෙ පව් කරගෙන ආයෙ යනවා.

මෙහෙම ගිහිල්ලා ගිහිල්ලා මනුස්සයගෙ ඔලුව එහෙමම අවුල් වෙලා තියෙන්නේ. **අන්තෝ ජටා බහි ජටා ජටාය ජටිතා පජා.** ඇතුළත් අවුල් වෙලා, පිටත් අවුල් වෙලා, අවුලෙන් අවුලට පත්වෙලා. හැමතැනම තියෙන්නේ මේ අවුල් ගතිය මිසක් මේ අවුල ලෙහෙන එකක් පේන තෙක් මානෙක නෑ. එබඳු අවුල් සහගත කෙනාට තමයි බුදුරජාණන් වහන්සේ මේ එකක් එකක් ගානේ තෝරලා දෙන්නේ. ඒ කාලේ මේක අහපු ගමන් ශ්‍රාවකයෝ මගඵල ලබන්න ඇති. සංසාරේ නුවණ පුරුදු කරපු එක්කෙනාට ඒක වහා අවබෝධ වෙනවා.

අවංකව පිළිවෙත් පිරුවොත්.....

දැන් ඔබ අවංකවම ශ්‍රද්ධාවෙන් පිළිවෙත් පුරාගෙන, මේ ධර්ම මාර්ගය අහිංසකව ප්‍රගුණ කරගෙන ගියොත් මේ ආත්මේ නොලැබුණු ප්‍රඥාවක් ඔබට ඊළඟ ආත්මේ දෙවියන් අතර ගියාට පස්සේ ලැබෙනවා. හැබැයි අවංකව කළොත් විතරයි. මීළඟට බුදුරජාණන් වහන්සේ විස්තර කරනවා **කතමඤ්ච භික්ඛවේ උපාදානං.** මහණෙනි, උපාදාන යනු මොනවාද? උපාදාන සතරකි. කාම උපාදානය (කාමයට ග්‍රහණය වීම). දිට්ඨි උපාදාන (දෘෂ්ටියට ග්‍රහණය වීම). සීලබ්බත උපාදාන (සීලව්‍රතයන්ට ග්‍රහණය වීම). අත්තවාද උපාදාන (මමය මාගේය මාගේ ආත්මය කියන එකට ග්‍රහණය වීම) මේවට ග්‍රහණය වෙලා තමයි සත්වයා ඉන්නේ.

එකක්වත් ඉබේ හටගත්තුවා නෙමෙයි....

උපාදාන කියන්නේ ඉබේ හටගත්තු එකක් නෙමෙයි. උපාදාන හටගන්නේ තෘෂ්ණාව හටගැනීමෙන්. **තණ්හා සමුදයා උපාදාන සමුදයෝ.** තෘෂ්ණාව හටගැනීමෙනුයි උපාදාන හටගන්නේ. තෘෂ්ණාව හටගැනීමෙන් නම් උපාදාන හටගන්නේ උපාදාන නැති වෙන්නේ තෘෂ්ණාව නිරුද්ධ වීමෙන්. උපාදාන නිරුද්ධ වන්නා වූ මාර්ගය නම් ආර්ය අෂ්ටාංගික මාර්ගයයි.

එතකොට එතනත් කරුණු හතරක් දැනගන්න ඕනෙ. මොනවද ඒ? උපාදාන කියන්නේ මොනවද කියලා දැනගන්න ඕනෙ. උපාදාන හටගන්නේ මොකෙන්ද කියලා දැනගන්න ඕනෙ. උපාදාන නිරුද්ධ වෙන්නේ කොහොමද කියලා දැනගන්න ඕනෙ. උපාදාන නිරුද්ධ වෙන මාර්ගය මොකක්ද කියලා දැනගන්න ඕනෙ. උපාදාන කියන්නේ මොනවද? කාම උපාදාන, දිට්ඨි උපාදාන, සීලබ්බත උපාදාන, අත්තවාද උපාදාන.

සසර පුරා කරපු මෝඩකම්....

උපාදාන හටගන්නේ මොකෙන්ද? තණ්හාව හටගැනීමෙන් උපාදාන හටගනී. උපාදාන නිරුද්ධ වෙන්නේ කොහොමද? තණ්හාව නිරුද්ධ වීමෙන් උපාදාන නිරුද්ධ වෙනවා. උපාදාන නිරුද්ධ වන්නා වූ ප්‍රතිපදාව මොකක්ද? ආර්ය අෂ්ටාංගික මාර්ගය. මේවා මේ විදිහටම අපි දරාගන්න ඕනෙ මේකෙන් ගැලවෙන්න නම්. එහෙම නැතුව මේ සංසාරේ පුරා දාපු මෝඩ පාට් අපි හැමදෑම දදා හිටියොත් කවදාවත් අපිට මේකෙන් ගැලවෙන්න අවස්ථාවක් නම් පේනතෙක් මානෙක නෑ.

ඊළඟට බුදුරජාණන් වහන්සේ දේශනා කරනවා **කතමා ච භික්ඛවේ තණ්හා.** මහණෙනි, තණ්හාව යනු කුමක්ද? තණ්හා සයකි. රූප කෙරෙහි ඇති තණ්හාව. ශබ්ද කෙරෙහි ඇති තණ්හාව. ගඳ සුවඳ කෙරෙහි ඇති තණ්හාව. රසය කෙරෙහි ඇති තණ්හාව. පහස කෙරෙහි ඇති තණ්හාව. අරමුණු කෙරෙහි ඇති තණ්හාව. ඒ වගේම අපි තණ්හාව ගැන තවත් ඉගෙන ගෙන තියෙනවා කාමයන් කෙරෙහි ඇති තණ්හාව කාම තණ්හා. භවය කෙරෙහි ඇති තණ්හාව භව තණ්හා. විභවය කෙරෙහි ඇති තණ්හාව විභව තණ්හා කියලා.

ඇත්ත නොදැකපු නිසා මුළා වුනා....

තණ්හාව කියන්නේ ආශ්වාදනීය අරමුණු වලට සිත ඇදී යාම. ඒක තමයි අපට වෙච්ච ලොකුම විපත්තිය. ඇයි මේ ආශ්වාදනීය අරමුණු වලට හිත ඇදිලා ගියේ? මේකේ ඇත්ත ස්වභාවය දැක්කෙ නැති නිසා. ඇත්ත ස්වභාවය හඳුනාගත්තේ නැති නිසා මුළා වුනා. **වේදනා සමුදයා තණ්හා සමුදයෝ.** විඳීම හටගැනීමෙන් තමයි තණ්හාව හටගන්නේ. විඳීම හටගැනිල්ලෙන් නම් තණ්හාව හටගන්නේ තණ්හාව නිරුද්ධ වෙන්නේ විඳීම නිරුද්ධ වීමෙන්.

තණ්හාව නිරුද්ධ වන්නා වූ ප්‍රතිපදාව ආර්ය අෂ්ටාංගික මාර්ගයමයි. එතකොට බලන්න වෙන කොහේවත් මේ සසර ගැටලුවට කිසිම පිළිතුරක් නෑ ආර්ය අෂ්ටාංගික මාර්ගය හැර. ඊළඟට බුදුරජාණන් වහන්සේ වදාළා **කතමා ච භික්ඛවේ වේදනා.** මහණෙනි,

මේ විඳීම කියන්නේ මොකක්ද? විඳීම් හයක් තියෙනවා. ඇසේ ස්පර්ශයෙන් උපන් විඳීම. කනේ ස්පර්ශයෙන් උපන් විඳීම. නාසයේ ස්පර්ශයෙන් උපන් විඳීම. දිවේ ස්පර්ශයෙන් හටගත් විඳීම. කයේ ස්පර්ශයෙන් හටගත් විඳීම. මනසේ ස්පර්ශයෙන් හටගත් විඳීම.

ස්පර්ශය හටගැනීමෙන් විඳීම හටගන්නවා....

සැප වේවා, දුක් වේවා, උපේක්ෂා වේවා මේ හැම විඳීමක් ම හටගන්නේ එක්කෝ ඇසේ ස්පර්ශයෙන්. එහෙම නැත්නම් කනේ ස්පර්ශයෙන්. එහෙම නැත්නම් නාසයේ ස්පර්ශයෙන්. එහෙම නැත්නම් දිවේ ස්පර්ශයෙන්. එහෙම නැත්නම් කයේ ස්පර්ශයෙන්. එහෙම නැත්නම් මනසේ ස්පර්ශයෙන්. **ඵස්ස සමුදයා වේදනා සමුදයෝ.** ස්පර්ශය හටගැනීමෙන් විඳීම හටගන්නවා. **ඵස්ස නිරෝධා වේදනා නිරෝධෝ.** ස්පර්ශය නිරුද්ධ වීමෙන් විඳීම නිරුද්ධ වෙනවා.

ප්‍රඥාව කියන්නේ පින්වත්නි මේ වගේ එකක්. අපි නිකම් සරලව තේරුම් ගමු. කණ්ණාඩියකින් ඔබ ඔබේ මූණ බැලුවොත් ඔබට මොනවද පේන්නේ? ඇස් දෙක පේනවා. කන් දෙක පේනවා. නාසය පේනවා. කට පේනවා. මූණ පේනවා. මේ මූණ දිහා බැලුවොත් කුඩා දේ ලොකු කරන කණ්ණාඩියකින් එතකොට අපිට මේ සාමාන්‍යයෙන් දකින දේට වඩා වෙනස් විදිහකට තමයි පේන්නේ. අපි ඒක මයික්‍රෝස්කෝප් එකකින් බැලුවොත් අපිට පෙන්නේ නිකම් කෑලි ගොඩක්.

අයියෝ.... ඇයි මං මෙහෙම දුක් විඳින්නේ....?

ඒ වගේ අපි මේ වේදනාව ගැන නුවණින් විමසලා බැලුවොත් අපිට මේ වේදනාව ගැන තේරුම් ගන්න පුළුවන් ස්පර්ශයෙන් හටගන්නා දෙයක් හැටියට. සාමාන්‍යයෙන් බලද්දි අපට පේන්නේ මේ විඳීම ස්පර්ශයෙන් හටගන්නා දෙයක් කියලා නෙමෙයි. අපට පේන්නේ 'අයියෝ.... ඇයි මං මෙහෙම දුක් විඳින්නේ?' එහෙම නැත්නම් කියනවා 'දැන් මට ඔන්න යාන්තම් සැපයක් දැනුනා' කියලා. නමුත් ඒ හැම එකක් ම ස්පර්ශයෙන් හටගත්තු විඳීම්.

ස්පර්ශයෙන් හටගන්නා වූ විඳීම නැතිවෙන්නේ ස්පර්ශය නිරුද්ධ වීමෙන්. විඳීම නිරුද්ධ වන්නා වූ ප්‍රතිපදාව ආර්ය අෂ්ටාංගික මාර්ගයයි. ඊළඟට බුදුරජාණන් වහන්සේ වදාළා ස්පර්ශය කියන්නේ මොකක්ද කියලා. ස්පර්ශය කියලා කියන්නේ කරුණු තුනක එකතුවීම. ඇසයි රූපයයි විඤ්ඤාණයයි එකතුවීම ඇසේ ස්පර්ශය. කනයි ශබ්දයයි විඤ්ඤාණයයි එකතුවීම කනේ ස්පර්ශය. නාසයයි ගඳසුවඳයි විඤ්ඤාණයයි එකතුවීම නාසයේ ස්පර්ශය. දිවයි රසයයි විඤ්ඤාණයයි එකතුවීම දිවේ ස්පර්ශය. කයයි පහසයි විඤ්ඤාණයයි එකතුවීම කයේ ස්පර්ශය. මනසයි අරමුණුයි විඤ්ඤාණයයි එකතුවීම මනසේ ස්පර්ශය.

ස්පර්ශය ගැනත් හතර ආකාරයකට දැනගන්න ඕනෙ....

බුදුරජාණන් වහන්සේ වදාළා මේ ස්පර්ශය ඉබේ හටගත්තු එකක් නෙමෙයි. **සළායතන සමුදයා ඵස්ස සමුදයෝ.** ආයතන හය හටගැනීමෙනුයි ස්පර්ශය

හටගන්නේ. **සළායතන නිරෝධා ඵස්ස නිරෝධෝ.** ආයතන හය නිරුද්ධ වීමෙන් ස්පර්ශය නිරුද්ධ වෙනවා. ස්පර්ශය නිරුද්ධ වෙන්න තියෙන ප්‍රතිපදාව ආර්ය අෂ්ටාංගික මාර්ගයයි. එහෙනම් ස්පර්ශය ගැනත් කරුණු හතරක් දැනගන්න ඕනෙ. ස්පර්ශය කුමක්ද කියලා දැනගන්න ඕනෙ. ස්පර්ශය හටගන්නේ මොකෙන්ද කියලා දැනගන්න ඕනෙ. ස්පර්ශය නිරුද්ධ වන්නේ කොහොමද දැනගන්න ඕනෙ. ස්පර්ශය නිරුද්ධ වන්නා වූ මාර්ගය මොකක්ද කියලා දැනගන්න ඕනෙ.

සය වැදෑරුම් ආයතන....

ස්පර්ශය කියන්නේ සයවැදෑරුම් ස්පර්ශයට. ඇසේ ස්පර්ශය, කනේ ස්පර්ශය, නාසයේ ස්පර්ශය, දිවේ ස්පර්ශය, කයේ ස්පර්ශය, මනසේ ස්පර්ශය. ස්පර්ශය හටගන්නේ මොකෙන්ද? ආයතන හය හටගැනීමෙනුයි ස්පර්ශය හටගත්තේ. ස්පර්ශය නිරුද්ධ වෙන්නේ කොහොමද? ආයතන හය නිරුද්ධ වීමෙන් ස්පර්ශය නිරුද්ධ වෙනවා. ස්පර්ශය නිරුද්ධ වන්නා වූ ප්‍රතිපදාව මොකක්ද? ආර්ය අෂ්ටාංගික මාර්ගයයි.

ඊළඟට බුදුරජාණන් වහන්සේ වදාළා **කතමඤ්ච භික්ඛවේ සළායතනං.** මහණෙනි, සළායතන යනු කුමක්ද? ඇස නම් වූ ආයතනය. කන නම් වූ ආයතනය. නාසය නම් වූ ආයතනය. දිව නම් වූ ආයතනය. කය නම් වූ ආයතනය. මනස නම් වූ ආයතනය. මේ හයට කියනවා සළායතන කියලා. අපිට ඇස් වලින් රූප පේනවා. කන් වලින් ශබ්ද ඇහෙනවා. නාසයෙන් ගඳ සුවඳ දැනෙනවා. දිවෙන් රස දැනෙනවා. කයෙන් පහස දැනෙනවා. හිතින් හිතනවා.

ආයතන හය හටගන්නේ නාමරූප ප්‍රත්‍යයෙනුයි....

නමුත් මේ ඔක්කොම හැදිලා තියෙන්නේ මොකෙන්ද? **නාමරූප සමුදයා සළායතන සමුදයෝ.** නාමරූප හටගැනිල්ලෙනුයි ඇස හැදිලා තියෙන්නේ. නාමරූප හටගැනිල්ලෙනුයි කන හැදිලා තියෙන්නේ. නාමරූප හටගැනීමෙනුයි නාසය හටඅරගෙන තියෙන්නේ. නාමරූප හටගැනීමෙනුයි දිව හටඅරගෙන තියෙන්නේ. නාමරූප හටගැනිල්ලෙනුයි කය හටඅරගෙන තියෙන්නේ. නාමරූප හටගැනිල්ලෙනුයි මනස හටඅරගෙන තියෙන්නේ.

නාමරූපයෙන් නම් මේ හය හටඅරන් තියෙන්නේ මේ හය නිරුද්ධ වෙන්නේ නාමරූප නිරුද්ධ වෙච්ච දවසටයි. නාමරූප හටගන්නකම්ම ඇස, කන, නාසය, දිව, කය, මනස හටගන්නවා. ඇස, කන, නාසය, දිව, කය, මනස හටගන්නකම් ම ස්පර්ශය හටගන්නවා. ස්පර්ශය හටගන්නකම් ම විඳීම හටගන්නවා. විඳීම හටගන්නකම් ම තණ්හාව හටගන්නවා. තණ්හාව හටගන්නකම් ම උපාදාන හටගන්නවා. උපාදාන හටගන්නකම් ම භවය හටගන්නවා. භවය හටගන්නකම් ම උපදිනවා. උපදිනකම්ම මේ දුක විඳවන්න වෙනවා.

නාමරූප විග්‍රහය....

මේ ඇස, කන, නාසය, දිව, කය, මනස කියන ආයතන හය නිරුද්ධ වන්නා වූ ප්‍රතිපදාව ආර්ය අෂ්ටාංගික මාර්ගයයි. ඊට පස්සේ බුදුරජාණන් වහන්සේ වදාළා **කතමඤ්ච භික්ඛවේ නාමරූපං.** මහණෙනි,

නාමරූප කියන්නේ මොනවාද? විඳීම නාමයක්. අරමුණු හඳුනාගැනීම හෙවත් සඤ්ඤාවත් නාමයක්. ඇහෙන් හඳුනගන්න අරමුණ රූපය. කනෙන් හඳුනගන්න අරමුණ ශබ්දය. නාසයෙන් හඳුනගන්න අරමුණ ගඳ සුවඳ. දිවෙන් හඳුනගන්න අරමුණ රසය. කයෙන් හඳුනගන්න අරමුණ පහස. මනසින් හඳුනගන්නේ සිතට එන අරමුණු.

ඊළඟට චේතනාවත් නාමයක්. චේතනාව කියන්නේ හිතාමතා අපි අපේ අදහස මෙහෙයවන එක. හිතාමතා මෙහෙයවන්නෙ නැතුව කරන්න බෑ. අපිට මදුරුවෙක් මරන්න බෑ හිතාමතා චේතනා පහළ කරන්නෙ නැතුව. කතා කර කර ඉන්දෙද්දි චටෝස් ගාලා ගහනවා. අපිට නිකම් ඔටෝ ගැහෙනවා වගේ පේන්නේ. නමුත් එතන චේතනාව තියෙනවා.

මනසේ ක්‍රියාත්මක බව හෙවත් මනසිකාරය....

අපි කියමු කෙනෙක් සීලවන්ත වෙලා අධිෂ්ඨාන කරනවා මම මදුරුවෙක්වත් මරන්නෙ නෑ කියලා. එතකොටත් කතා කර කර ඉන්දෙද්දි මදුරුවා වහනවා. ගහන්නෙ නෑ. කලින් කතා කර කර ඉන්දෙද්දි නිකාම්ම ගැහෙනවා. ඊට පස්සේ ගැහෙන්නෙ නැතුව යන්නෙ මොකද? සිහිය ඉපදිලා. එතකොට මොකද කරන්නේ අතින් අයින් කරනවා. ඊළඟට ස්පර්ශයත් නාමයක්. මනසිකාරයත් (මනසේ ඇති ක්‍රියාත්මක බව) නාමයක්.

මනසේ තියෙන්න පුළුවන් නිදිගත අවස්ථාවක්. දැන් අපි ගත්තොත් අපි නිදාගෙන ඉන්නකොට මනස තියෙන්නේ යම්කිසි තැන්පත් භාවයකින්. ඇහැරිච්ච

ගමන් මනස පට පට ගාලා වැඩ කරනවා. මනසිකාරය තියෙනකොට කියන දේ ඇහෙනවා. පේනවා. ශරීරයට දැනෙනවා. මේ ඔක්කොම තියෙනවා. එතකොට වේදනා සඤ්ඤා චේතනා කියන තුන ළඟට ස්පර්ශය දාලා තියෙන්නේ ස්පර්ශයෙන් තමයි මේ තුනම වෙන්නේ. මේ හතරම වෙන්නේ මනසිකාරය තිබුනොත් තමයි. ඒකයි අන්තිමට මනසිකාරය දාලා තියෙන්නේ. මේ පහට කියනවා නාම කියලා.

නාමරූපයන්ගේ සංයෝගයෙන් නිපන් ආයතන....

රූප කිව්වේ පඨවි, ආපෝ, තේජෝ, වායෝ කියන මේ මහාභූත හතරත් මහාභූතයන්ගෙන් හටගත්තු දේවලුත්. නාමරූපයන්ගේ සංයෝගයක් තිබුනෙ නැත්නම් ඇස කියන එක හටගන්නෙ නෑ. නාමරූපයන්ගේ සංයෝගයක් නොතිබුනා නම් කන හටගන්නෙ නෑ. නාමරූපයන්ගේ සංයෝගයක් නොතිබුනා නම් නාසය හටගන්නෙ නෑ. එහෙනම් නාමරූපයන්ගේ සංයෝගයෙන් නිපන් හයක් තමයි මේ ඇස, කන, නාසය, දිව, කය, මනස කියන්නේ.

ඊළඟට බුදුරජාණන් වහන්සේ දේශනා කරනවා **විඤ්ඤාණ සමුදයා නාමරූප සමුදයෝ.** විඤ්ඤාණය හටගැනීමෙන් නාමරූප හටගනී. **විඤ්ඤාණ නිරෝධා නාමරූප නිරෝධෝ.** විඤ්ඤාණය නිරුද්ධ වීමෙන් නාමරූප නිරුද්ධ වෙයි. නාමරූප නිරුද්ධ වන්නා වූ ප්‍රතිපදාව ආර්ය අෂ්ටාංගික මාර්ගයයි. දැන් අපි ගත්තොත් සාමාන්‍ය සත්වයාගේ තියෙන විඤ්ඤාණය නිරුද්ධ

වෙන සුළු එකක් නෙමෙයි. පැළවෙන විඤ්ඤාණයක්. මාර්ගඵලලාභීන්ගේ විඤ්ඤාණය පැළවෙන විඤ්ඤාණයක්. රහතන් වහන්සේගේ විඤ්ඤාණය නිරුද්ධ වෙන විඤ්ඤාණයක්.

පැළවෙන ස්වභාවයෙන් යුතු විඤ්ඤාණය....

මාර්ගඵලලාභීන්ගේ කියලා කිව්වේ සෝවාන් ශ්‍රාවකයාගේ විඤ්ඤාණයත් පැළවෙනවා. පැළවෙන්නේ සතර අපායේ නෙමෙයි සුගතියේ. සකදාගාමී එක්කෙනාගේ විඤ්ඤාණයත් පැළවෙනවා. පැළවෙන්නේ සුගතියේ. අනාගාමී එක්කෙනාගේ විඤ්ඤාණයත් පැළවෙනවා. පැළවෙන්නේ සුද්ධාවාස බ්‍රහ්ම ලෝකවල. රහතන් වහන්සේගේ විඤ්ඤාණය පැළවෙන්නෙ නෑ. ඒ නොපැළවෙන විඤ්ඤාණය පහන නිවී යනවා වගේ නිවී යනවා.

ඒ මොකද හේතුව? රහතන් වහන්සේගේ විඤ්ඤාණයට තමයි හේතුකාරක මොකුත් නැත්තේ. පටිච්ච සමුප්පාදය නිරුද්ධයි. එතකොට පටිච්ච සමුප්පාදය නිරුද්ධ නැති හැම එක්කෙනෙකුගේම විඤ්ඤාණය නාමරූපයට උදව් කරනවා. එහෙනම් මේ ලෝකයේ විඤ්ඤාණය නිරුද්ධ වෙන්නේ රහතන් වහන්සේගේ පිරිනිවන් පෑමෙන් පමණයි. එයින් මෙපිට විඤ්ඤාණය කියන එක නිරුද්ධ වෙන්නෙ නෑ. එක එක ස්වභාවයෙන් හැදි හැදී යනවා.

සංස්කාර නිරුද්ධ වීමෙන් විඤ්ඤාණය නිරුද්ධ වෙනවා....

ඊළඟට බුදුරජාණන් වහන්සේ දේශනා කරනවා **කතමඤ්ච භික්ඛවේ විඤ්ඤාණං.** මහණෙනි, විඤ්ඤාණය කියන්නේ කුමක්ද? විඤ්ඤාණකාය හයක් තියෙනවා. ඒ තමයි ඇසේ විඤ්ඤාණය, කනේ විඤ්ඤාණය, නාසයේ විඤ්ඤාණය, දිවේ විඤ්ඤාණය, කයේ විඤ්ඤාණය, මනසේ විඤ්ඤාණය. **සංඛාර සමුදයා විඤ්ඤාණ සමුදයෝ.** සංස්කාරයන්ගේ හටගැනිල්ලෙන් විඤ්ඤාණය හටගන්නවා. සංස්කාර නිරුද්ධ වීමෙන් විඤ්ඤාණය නිරුද්ධ වෙනවා. විඤ්ඤාණය නිරුද්ධ වන්නා වූ මාර්ගය ආර්ය අෂ්ටාංගික මාර්ගයයි.

ඊළඟට බුදුරජාණන් වහන්සේ විස්තර කරනවා **කතමේ ච භික්ඛවේ සංඛාරා.** මහණෙනි, සංස්කාර යනු මොනවද? **තයෝමේ භික්ඛවේ සංඛාරා.** මහණෙනි, සංස්කාර තුනකි. **කාය සංඛාරෝ.** කාය සංස්කාර. **වචී සංඛාරෝ.** වචී සංස්කාර. **චිත්ත සංඛාරෝ** චිත්ත සංස්කාර. මේවා තමයි සංස්කාර කියලා කියන්නේ. **අවිජ්ජා සමුදයා සංඛාර සමුදයෝ.** අවිද්‍යාව හටගැනීමෙනුයි සංස්කාර හටගන්නේ. අවිද්‍යාව නිරුද්ධ වීමෙන් සංස්කාර නිරුද්ධ වෙනවා. සංඛාර නිරෝධ ගාමිනී පටිපදාව ආර්ය අෂ්ටාංගික මාර්ගයයි.

මුළු පටිච්ච සමුප්පාදයම නිරුද්ධ වෙන්නේ ආර්ය අෂ්ටාංගික මාර්ගයෙන්....

එතනින් මේ පටිච්ච සමුප්පාද විග්‍රහ කොටස ඉවරයි. එතකොට මේ දේශනාවේදි බුදුරජාණන් වහන්සේ පටිච්ච

සමුප්පාදයේ අංග එකොළහක් ගැන හතර ආකාරයකට විස්තර කරනවා. මොනවද ඒ කරුණු එකොළහ? එක ජරාමරණ. දෙක ඉපදීම. තුන භවය. හතර උපාදාන. පහ තණ්හාව. හය විඳීම. හත ස්පර්ශය. අට ආයතන හය. නමය නාමරූප. දහය විඤ්ඤාණය. එකොළහ සංස්කාර. එතකොට මේ එකොළහ තමයි විස්තර කරන්නේ. මේ දේශනාවට අනුව මේ මුළු පටිච්ච සමුප්පාදය ම නිරුද්ධ වෙන්නේ මොකෙන්ද? ආර්ය අෂ්ටාංගික මාර්ගයෙන්.

ඊළඟට බුදුරජාණන් වහන්සේ දේශනා කරනවා **යතෝ බෝ භික්ඛවේ අරියසාවකෝ** මහණෙනි, යම් කලෙක ආර්ය ශ්‍රාවකයා **ඒවං පච්චයං පජානාති.** එකිනෙකට උපකාරී වෙච්ච මේ ප්‍රත්‍යයන් ගැන දන්නවාද, ප්‍රත්‍යය කියන්නේ ජරාමරණ ප්‍රත්‍යයක්. ඉපදීම කියන්නේ ප්‍රත්‍යයක්. භවය කියන්නේ ප්‍රත්‍යයක්. උපාදාන කියන්නේ ප්‍රත්‍යයක්. තණ්හාව කියන්නේ ප්‍රත්‍යයක්. විඳීම කියන්නේ ප්‍රත්‍යයක්. ස්පර්ශය කියන්නේ ප්‍රත්‍යයක්. ආයතන හය කියන්නේ ප්‍රත්‍යයක්. නාමරූප කියන්නේ ප්‍රත්‍යයක්. විඤ්ඤාණය කියන්නේ ප්‍රත්‍යයක්. සංස්කාර කියන්නේ ප්‍රත්‍යයක්.

අමා නිවන් දොරටුවේ හැපී සිටින කෙනා....

ඒවං පච්චය සමුදයං පජානාති. මේ එක් එක් ප්‍රත්‍යයන් හටගන්න හේතු වෙච්ච දේවල් දන්නවාද, **ඒවං පච්චය නිරෝධං පජානාති.** ඒ වගේ ම ප්‍රත්‍යය නිරුද්ධ වීම දන්නවාද, **ඒවං පච්චය නිරෝධ ගාමිනිං පටිපදං පජානාති.** ප්‍රත්‍යය නිරුද්ධ වන්නා වූ මාර්ගය දන්නවාද,

අයං වුච්චති භික්ඛවේ අරියසාවකෝ මහණෙනි, මේ ආර්ය ශ්‍රාවකයා **දිට්ඨිසම්පන්නෝ ඉතිපි.** දෘෂ්ටිසම්පන්නයි කියලා කියනවා. දෘෂ්ටිසම්පන්නයි කියන්නේ හොඳ දැක්මකින් යුක්තයි කියන එක. **දස්සනසම්පන්නේ ඉතිපි.** අවබෝධයකින් යුක්තයි කියලා කියනවා. **ආගතෝ ඉමං සද්ධම්මං ඉතිපි.** මේ සද්ධර්මයට පැමිණුනා කියලා කියනවා.

පස්සති ඉමං සද්ධම්මං ඉතිපි. ඒ කෙනා මේ ධර්මය දකිනවා කියලා කියනවා. **සේඛේන ඤාණේන සමන්නාගතෝ ඉතිපි.** මේ ධර්මයේ හික්මෙන නුවණකින් යුක්තයි කියලා කියනවා. **සේඛාය විජ්ජාය සමන්නාගතෝ ඉතිපි.** මේ ධර්මයේ හික්මෙන අවබෝධයෙන් යුක්තයි කියලා කියනවා. **ධම්මසෝතං සමාපන්නෝ ඉතිපි.** දහම් සැඩපහරට පැමිණුනා කියලා කියනවා. **අරියෝ නිබ්බේධික පඤ්ඤෝ ඉතිපි.** ආර්ය වූ අවබෝධයෙන් යුතු කළකිරීම ඇතිවෙන තියුණු ප්‍රඥාවෙන් යුක්තයි කියලා කියනවා. **අමතද්වාරං ආහච්ච තිට්ඨති ඉතිපි.** අමා නිවන් දොරේ හැපී ඉන්නවා කියලා කියනවා.

හතළිස් හතරක් වූ නුවණට කරුණු.....

එතකොට දැන් බලන්න බුදුරජාණන් වහන්සේ මේ ශ්‍රාවකයාගේ මූලික අවස්ථාව ගැන මොනතරම් වර්ණනාවක් කරනවද. ඔන්න දැන් අපි පටිච්ච සමුප්පාදය ගැන කරුණු එකොළහක් හතර ගානේ ඉගෙනගත්තා. හතර වරක් එකොළහ හතළිස් හතරයි. මේ බලන්න ඤාණවත්ථු සූත්‍රයේ බුදුරජාණන් වහන්සේ දේශනා කරනවා "**චතුචත්තාළීසං වෝ භික්ඛවේ ඤාණවත්ථූනි දේසිස්සාමි**" වත්ථු කියන්නේ කාරණය. ඤාණ කිව්වේ

නුවණ. මහණෙනි, හතළිස් හතරක් වූ නුවණට කරුණු ඔබට දේශනා කරන්නෙමි. එය අසව්.

මහණෙනි, මේ නුවණට කරුණු වූ හතළිස් හතර මොනවාද? ජරාමරණ කුමක්දැයි දන්නා නුවණ. අන්න පළවෙනි එක. දෙවෙනි එක ජරාමරණ හටගැනීම ගැන දන්නා නුවණ. තුන්වෙනි එක ජරාමරණ නිරුද්ධ වීම ගැන දන්නා නුවණ. හතරවෙනි එක ජරාමරණ නිරුද්ධ වීමේ ප්‍රතිපදාව ගැන දන්නා නුවණ. එහෙනම් මේක නිකම්ම නිකම් අහලා විතරක් අත පිහිද ගන්න එකක් නෙමෙයි. මේක ඤාණයක්.

ශ්‍රාවකයාගේ ප්‍රඥාව....

ජරාමරණේ ඤාණං. ජරාමරණ පිළිබඳ නුවණ. **ජරාමරණ සමුදයේ ඤාණං.** ජරාමරණ හටගැනීම පිළිබඳ නුවණ. **ජරාමරණ නිරෝධේ ඤාණං.** ජරාමරණ නිරුද්ධ වන්නේ ඉපදීම නිරුද්ධ වීමෙන් කියන එක ගැන යම් අවබෝධයක් ඇද්ද, ඒ අවබෝධය එයාගේ ඤාණයක්. **ජරාමරණ නිරෝධගාමිනී පටිපදාය ඤාණං.** ජරාමරණ නිරුද්ධ වෙන්නේ මෙන්න මේ ප්‍රතිපදාවෙන් කියලා එයාට අවබෝධයක් තියෙනවා. මොකක්ද ඒ ප්‍රතිපදාව? ආර්ය අෂ්ටාංගික මාර්ගය.

දැන් අපි ගත්තොත් ඉන්දියාවේ මේ චතුරාර්ය සත්‍යය කතාවක් නෑනේ. ඉන්දියාවේ ඔය එක එක ප්‍රදේශවල සමහර පොකුණු ගංගා ආදිය සම්මත කරගෙන තියෙනවා ඒ ගඟට හෝ පොකුණට බැස්සොත් ජරාමරණ නිරුද්ධයි. තෘෂ්ණා නිරුද්ධයි. කර්ම නිරුද්ධයි කියලා. ඊළඟට තව කියනවා ගිනි පෑගුවොත් ජරාමරණ නිරුද්ධයි

කියලා. තව මට මතකයි පුෂ්කර කියලා පොකුණක් තියෙනවා. ඒගොල්ලෝ කියන්නේ ඒ පොකුණට ගිහිල්ලා නාපු ගමන් දුකෙන් නිදහස් කියලයි. මිනිස්සු පොර කකා යනවා.

ජරාමරණ නිරුද්ධ වීමේ දියට පැනීම....

දැන් ඔය කුම්භමේලා උත්සවය ගත්තොත් එහෙම දොළොස් අවුරුද්දකට වතාවක් එන නැකතක් තියෙනවා. ඔන්න අසවල් නැකත එනවා කියලා කලින්ම ඝෝෂණ කරනවා. ඒ කියන්නේ ප්‍රසිද්ධ කරනවා. ප්‍රසිද්ධ කළාට පස්සේ ඒ නැකත එනකම් මාසයක විතර කාලයක් නොයෙක් උත්සව, නාටක, දේශනා ආදිය පවත්වනවා. නැකත ආසන්න වුනාම බෙර ගහලා, හක් පිඹලා, ගිනි පූජා පවත්වලා, අර ගංතීරුවේ දෙපස ලක්ෂ ගාණක් සෙනඟ රැස්වෙනවා.

ඔන්න මිනිස්සුන්ට කියනවා තව පැයයි තියෙන්නේ නැකතට කියලා. ඔන්න හරිබරි ගැහිලා හිටගන්නවා. ඔන්න තව පැය බාගයයි තියෙන්නේ නැකතට කියනවා. ඔන්න තවත් හරිබරි ගැහෙනවා. ඔන්න තව විනාඩි පහයි කියනවා. එතකොට තවත් හරි බරි ගැහෙනවා. මේ මොකේටද මේ? ජරාමරණ නිරුද්ධ වීමේ දියට පැනීම. ඊට පස්සේ ඕන්න දැන් හරි කියලා එකපාරට බෙර ගහපු ගමන් මිනිස්සු එක පිම්මට අර වතුරට පනිනවා. පැනලා ගිලිලා උඩට එනවා. දැන් හරි කියනවා.

එහේ ඉපදුනා නම් අපිත් ඒ ගොඩේ....

ධර්මය නොතිබුනා නම් ඒක කවුරුත් කරනවා. ධර්මය නොතිබිච්ච කාලේ අපිත් නැකැත් පස්සේ ගියානේ.

එතකොට දැන් අපි පළවෙනි ඤාණවත්ථු හතර ගැන ඉගෙන ගත්තා. ඊළඟට ඉපදීම ගැන තියෙන ඤාණය. ඉපදීම හටගැනීම ගැන තියෙන ඤාණය. ඉපදීම නිරුද්ධ වීම ගැන තියෙන ඤාණය. ඉපදීම නිරුද්ධ වන්නා වූ මාර්ගය ගැන තියෙන ඤාණය. එතකොට අටයි. ඊළඟට භවය ගැන තියෙන ඤාණය. භවය හටගැනීම ගැන තියෙන ඤාණය. භවය නිරුද්ධ වීම ගැන තියෙන ඤාණය. භවය නිරුද්ධ වීමේ ප්‍රතිපදාව ගැන තියෙන ඤාණය. එතකොට දොළහයි.

ඊළඟට උපාදාන ගැන තියෙන ඤාණය. උපාදාන හටගැනීම ගැන තියෙන ඤාණය. උපාදාන නිරුද්ධ වීම ගැන තියෙන ඤාණය. උපාදාන නිරුද්ධ වීමේ මාර්ගය ගැන තියෙන ඤාණය. එතකොට දහසයයි. ඊළඟට තණ්හාව ගැන තියෙන ඤාණය. තණ්හාව හටගැනීම ගැන තියෙන ඤාණය. තණ්හාව නිරුද්ධ වීම ගැන තියෙන ඤාණය. තණ්හාව නිරුද්ධ වන්නා වූ මාර්ගය ගැන තියෙන ඤාණය. එතකොට විස්සයි.

ප්‍රඥාවන්තයන් උදෙසා වූ බුදුරජුන්ගේ ධර්මය....

ඊළඟට විඳීම ගැන තියෙන ඤාණය. විඳීම හටගැනීම ගැන තියෙන ඤාණය. විඳීම නිරෝධය ගැන තියෙන ඤාණය. විඳීම නිරුද්ධ වන්නා වූ මාර්ගය ගැන තියෙන ඤාණය. එතකොට විසි හතරයි. ඊළඟට ස්පර්ශය ගැන තියෙන ඤාණය. ස්පර්ශය හටගැනීම ගැන තියෙන ඤාණය. ස්පර්ශය නිරුද්ධ වීම ගැන තියෙන ඤාණය. ස්පර්ශය නිරුද්ධ වන්නා වූ මාර්ගය ගැන තියෙන ඤාණය. එතකොට විසි අටයි.

ඊළඟට ආයතන හය ගැන තියෙන ඤාණය. ආයතන හය හටගැනීම ගැන තියෙන ඤාණය. ආයතන හය නිරුද්ධ වීම ගැන තියෙන ඤාණය. ආයතන හය නිරුද්ධ වන්නා වූ මාර්ගය ගැන තියෙන ඤාණය. එතකොට තිස් දෙකයි. ඊළඟට නාමරූප ගැන තියෙන ඤාණය. නාමරූප හටගැනීම ගැන තියෙන ඤාණය. නාමරූප නිරුද්ධ වීම ගැන තියෙන ඤාණය. නාමරූප නිරුද්ධ වන්නා වූ මාර්ගය ගැන තියෙන ඤාණය. එතකොට තිස් හයයි.

ඤාණවත්ථු හතළිස් හතර....

ඊළඟට විඤ්ඤාණය ගැන තියෙන ඤාණය. විඤ්ඤාණය හටගැනීම ගැන තියෙන ඤාණය. විඤ්ඤාණය නිරුද්ධ වීම ගැන තියෙන ඤාණය. විඤ්ඤාණය නිරුද්ධ වන්නා වූ මාර්ගය ගැන තියෙන ඤාණය. එතකොට හතළිහයි. ඊළඟට සංස්කාර ගැන තියෙන ඤාණය. සංස්කාර හටගැනීම ගැන තියෙන ඤාණය. සංස්කාර නිරෝධය ගැන තියෙන ඤාණය. සංස්කාර නිරුද්ධ වන්නා වූ මාර්ගය ගැන තියෙන ඤාණය. එතකොට ඔක්කොම හතළිස් හතරයි.

බුදුරජාණන් වහන්සේ දේශනා කරනවා මහණෙනි, මෙයට ඤාණයට මුල් වූ කරුණු හතළිස් හතරයි කියලා කියනවා. එතකොට මෙතන ජරාමරණ කියන්නේ මොනවද? ඒ ඒ සත්වයන්ගේ ඒ ඒ සත්ව ලෝක වල දිරායෑම, ජරාවට පත්වීම, කැඩීම, කෙස් පැහීම, ඇඟ රැළි වැටීම ආදී දේ. මරණය කියන්නේ චුත වෙන එක. ඉපදීම හටගැනීමෙන් ජරාමරණ හටගනී. ඉපදීම නිරුද්ධ වීමෙන්

ජරාමරණ නිරුද්ධ වෙයි. ඊළඟට ජරාමරණ නිරුද්ධ වීමේ ප්‍රතිපදාව කියන්නේ ආර්ය අෂ්ටාංගික මාර්ගයයි.

ධම්මේ ඤාණය හෙවත් ධර්මය පිළිබඳ නුවණ....

ඉතින් බුදුරජාණන් වහන්සේ දේශනා කරනවා මහණෙනි, යම් දවසක ආර්ය ශ්‍රාවකයාට ඔය විදිහට ජරාමරණ ගැනත් අවබෝධ වෙනවාද, ජරාමරණ හටගැනීම ගැනත් අවබෝධ වෙනවාද, ජරාමරණ නිරුද්ධ වීම ගැනත් අවබෝධ වෙනවාද, ජරාමරණ නිරුද්ධ වන්නා වූ මාර්ගය කියන්නේ මේ ආර්ය අෂ්ටාංගික මාර්ගය පමණයි කියලා අවබෝධ වෙනවාද, මහණෙනි, මෙය තමයි ධර්මය පිළිබඳ ඔහුගේ ඤාණය. ඒකට කියනවා **ධම්මේ ඤාණං** කියලා.

සෝ ඉමිනා ධම්මේන දිට්ඨේන විදිතේන අකාලිකේන පත්තේන පරියෝගාළ්හේන ඊළඟට ඔහු තමන් දැකපු, තමන් අවබෝධ කරපු, තමන් තේරුම් ගත්තු, තමන් වටහා ගත්තු, තමන් බැසගත්තු මේ අකාලික වූ ධර්මය **අතීතානාගතේ නයං නේති** අතීතයට සහ අනාගතයට නය පමුණුවයි. නය පමුණුවනවා කියන්නේ අතීතයටත් අනාගතයටත් ගලපලා බලනවා. කොහොමද ඒ?

අන්වයේ ඤාණය හෙවත් අනුව ගිය නුවණ....

"අතීතයේ යම් ශ්‍රමණයෝ වේවා, බ්‍රාහ්මණයෝ වේවා ජරාමරණ කියන එක මොකක්ද කියලා අවබෝධ

කළාද, ජරාමරණ හටගන්නේ මොකෙන්ද කියලා අවබෝධ කළාද, ජරාමරණ නිරුද්ධ වන්නේ කොහොමදැයි කියලා අවබෝධ කළාද, ජරාමරණ නිරුද්ධ වීමේ ප්‍රතිපදාව මොකක්ද කියලා අවබෝධ කළාද, ඒ හැමෝම අවබෝධ කරලා තියෙන්නේ මේ විදිහටයි.

අනාගතයේ යම් ශ්‍රමණයෝ වේවා, බ්‍රාහ්මණයෝ වේවා ජරාමරණ කියන එක මොකක්ද කියලා අවබෝධ කළාද, ජරාමරණ හටගන්නේ මොකෙන්ද කියලා අවබෝධ කළාද, ජරාමරණ නිරුද්ධ වන්නේ කොහොමදැයි කියලා අවබෝධ කළාද, ජරාමරණ නිරුද්ධ වීමේ ප්‍රතිපදාව මොකක්ද කියලා අවබෝධ කළාද, ඒ හැමෝම අවබෝධ කරලා තියෙන්නේ මේ විදිහටයි" **ඉදමස්ස අන්වයේ ඤාණං.** ඒක තමයි ඔහුගේ අන්වයේ ඤාණය (අනුව ගිය නුවණ).

තරුණියකට වෙච්ච දේ....

ඒ කියන්නේ ලෝකයේ කිසි කෙනෙකුට දුකෙන් නිදහස් වෙන්න වෙන ක්‍රමයක් නෑ. පසුගිය දවස්වල ඉන්දියාවේ හරි ප්‍රශ්නයක් වුනා. සූසායි වල එක දුප්පත් ගෙදරක ගෑණු ළමයෙක් හිටියා. මෙයා කසාද බැන්දට පස්සේ එයාගේ මහත්තයා මං හිතන්නේ ඔය මැදපෙරදිග රටකට රස්සාවට ගියා. ඉතින් මේ ගෑණු ළමයා ඇඳුම් මහ මහ හිටියා. ඊට පස්සේ මෙයා තනිකම නිසා පුරුදු වුනා කෝවිලකට යන්න.

දවසක් ඒ කෝවිලේ සාමි ගාවට ගියාම සාමි මෙයා දිහා බලලා කිව්වා 'හා... මෙයා මේ පිදුම් ලැබිය යුතු වස්තුවක් නොවැ' කියලා. ඒ ගෑණු ළමයට කන්දප්පා

වගේ වෙන මොකක් හරි නමක් තිබුනේ. ඒ නම නැතුව රාධයමා කියලා නම දැම්මා මෙයාට. රාධයමා කියන්නේ ක්‍රිෂ්ණ කියලා ඒගොල්ලෝ අදහන දෙවි කෙනෙක් ඉන්නවනේ. ක්‍රිෂ්ණගේ බිරිඳ තමයි රාධා. රාධා ක්‍රිෂ්ණා කියලනේ කියන්නේ. රාධයමා කියන්නේ මේ ක්‍රිෂ්ණගේ රාධා අවතාරය තමයි මේ ඇවිල්ලා ඉන්නේ කියලා අර සාමි කිව්වා.

අවාසනාවන්ත මිනිස්සු....

කියපු ගමන් මිනිස්සු ටික මොකද කළේ මේ කෙල්ලට මල් පහන් පූජා කරලා වඳින්න පුදන්න පටන් ගත්තා. ඉන්දියාවේ ගොඩක් ඔය හින්දු මිනිස්සුන්ට ඉතින් සල්ලි තියෙනවනෙ. ඒ මිනිස්සු මෙයාව එක එක ඩයමන්ඩ් වලින් සරසලා, නොයේක් ආකාරයේ කෝටි ගණන් වටින ආභරණ පළන්දලා, මෙයාට කියලා වෙනම ස්පෙෂල් ජගුවර් කාර් එකකුත් ගෙනල්ලා දුන්නා. ඒ කාර් එකේ ඉස්සරහ රෝදෙත් රතුපාට කරලා, සීටුත් වෙනම හදලා මෙයාට නිකම් දෙවඟනකට වගේ සලකනවා.

දැන් මෙයා කතා කරන්නෙ නෑ. ඇයි ලැජ්ජ ඇතිනේ මෙයාට. ඊට පස්සේ මිනිස්සු මෙයාව අදහන්න පටන් ගත්තා. මෙයා පාගන අලු නළලේ ගාගන්නවා. දැන් පිස්සු වැටිලා වගේ ඉන්නවා. ඔහොම ඉන්දෙද්දි මෙයා දවසක් එකපාරට අඳුරන කෙනෙක් දැකලා හායි බායි කිව්වා. එහෙම කියපු ගමන් අර වැඳගෙන හිටපු අය නිකම් තක්කු මුක්කු වෙලා ගියා. ඇයි මේ දෙවඟනක් හායි බායි කියලා ඉංගිරීසි පැටර්න් වලින් කතා කොරන්නේ කොහොමද කියලා.

කල්කි භගවාන්....

ඊට පස්සේ ඔන්න මෙයාගේ එක එක විස්තර හොයන්න පටන් අරන් දැන් නඩු කේස් එකක් යනවා. කෝටි ගාණක ධනය. බලන්න ධර්මය ගැන දන්නෙ නැති වුනාම මිනිස්සුන්ට වෙන දේවල්. මිනිස්සු හිතාගෙන හිටියේ මෙයා විමුක්තියට පත්වෙච්ච කෙනෙක්, මෙයාට විමුක්තිය දෙන්න පුළුවන් කියලා. මීට වඩා තවත් සංකීර්ණ විදිහට තව එක්කෙනෙක් ඉන්නවා දකුණු ඉන්දියාවේ. එයාට කියන්නේ කල්කි භගවාන් කියලා.

එයාගේ නෝනට කල්කි මා කියනවා. ඒගොල්ලන්ට විසාල පිළිගැනීමක් තියෙනවා. රත්තරන් පුරෝගෙන ඉන්නවා. බැතිමත්තු හිඟන්නෝ. ඇයි හම්බ කරන හම්බ කරන එක ගෙනිහිල්ලා රත්තරන් වලින් අරයව පුරෝනවා. ඒගොල්ලෝ මෙහෙම අත තියාගෙන ඉන්නකොට අමනුෂ්‍ය බලපෑමෙන් අත්වලින් අළු වැටෙනවා. ඉතින් ඔය අළු චුට්ටක් ගාගෙන ගිහිල්ලා ඉන්නවා.

අවිදු අඳුරෙහි බලවත්කම....

සමහර තරුණ වයසේ උගත් ගෑණු ළමයි එයා ගාවට ගිහිල්ලා කියනවා 'අනේ මං මේ ඔක්කොම අතඇරලා ආවේ මට විමුක්තිය ලබාගන්න. මට මේ සසරෙන් නිදහස් වෙන්න ඕනෙ' කියලා කියනවා. එතකොට කල්කි 'උඹ තුන්මාසයක් පළතුරු විතරක් කාපං' කියනවා. දැන් ඔන්න තුන් මාසයක් පළතුරු විතරක් කකා ඉන්නවා. දැන් මෙයාට භූතකේස් වලින් කල්කි මායි කල්කි බාබායි එයා ළඟට එනවා පේනවා.

එතකොට මෙයා අදහන්න ගන්නවා. මේ මොකක්ද? මේ Hallucination කියන රෝගය. ඔන්න තත්වය.

විමුක්තිය කරා ගෙනයන්නේ ධර්මය විසින්....

බලන්න බුදු කෙනෙකුගේ ධර්මයක් නැති වුනහම වෙන දේවල්. මේ විමුක්තිය කාටවත් දෙන්නත් බෑ ගන්නත් බෑ. බුදුරජාණන් වහන්සේගේ ධර්මය තුළ 'මගේ ළඟට එන්න. මං විමුක්තිය දෙන්නම්' කියන කතාව නෙමෙයි තියෙන්නේ. මේ ධර්ම මාර්ගයේ යන්න. ධර්මය විසින් ඔබව විමුක්තිය කරා ගෙනියයි. දැන් බලන්න මේ දේශනාවට අනුව බුදුරජාණන් වහන්සේගේ ශ්‍රාවකයා කොච්චර දුරට මේ ජීවිතය ගැන තේරුම් ගන්නවද කියලා.

මුළා වෙන්නෙ නැනේ මේ විදිහට තේරුම් ගන්න පුළුවන් නම්. අතීතයේ කවුරුහරි සසර දුකින් මිදුනා නම් මිදිලා තියෙන්නේ මේ විදිහටයි. අනාගතයේ කවුරුහරි මිදෙනවා නම් මිදෙන්නේ මේ විදිහටයි. කවුරුහරි මෙහෙම කල්පනා කළොත් එයාට 'අරයා සෝවාන් වෙලා ඇති. අරයා සකදාගාමී වෙලා ඇති. අරයා අනාගාමී වෙලා ඇති. අරයා රහත් වෙලා ඇති' කියලා කුතුහලයෙන් කතා කරන එක තියේවිද? නෑ.

දකින දේට හෝ ඇහෙන දේට මුළා වෙනවා....

සමහරු ඒ කාලේ සායිබාබා ගැන හිතාගෙන හිටියෙත් බුදු කෙනෙක් හැටියටයි. සමහරු පසේබුදු

කෙනෙක් වෙන්න ඇති කිව්වා. තව කෙනෙක් කිව්වා සෝවාන් වෙච්ච කෙනෙක් වෙන්න ඇති කියලා. මොකක්ද මේකට හේතුව? මේ පටිච්ච සමුප්පාද ධර්මය ඉගෙන ගන්න බැරි වෙච්ච එක. එතකොට මේ හිතේ යම් කුතුහලයක් තියෙනවද, ඒ කුතුහලය ප්‍රහාණය කරගන්න වැඩ පිළිවෙළක් එයා දන්නෙ නෑ. එක්කෝ එයා දකින දේට මුළා වෙනවා. එහෙම නැත්නම් ඇහෙන දේට මුළා වෙනවා.

මට මතකයි මීට අවුරුදු විස්සකට විසි පහකට කලින් ඔය ඉන්දියාවේ හරීයට ඇවිද්දනේ මං. දවසක් මට ඔය සුද්දෙක් හම්බ වෙලා කිව්වා එයා ගිහිල්ලා කිව්වලු සායි බාබාට 'අනේ මට මේ සංසාරෙන් නිදහස් වෙන්න ඕනෙ' කියලා. 'එහෙනම් එහේ තියෙන ඔක්කොම විකුණලා මෙහේ වරෙන්' කිව්වලු. ඔක්කොම විකුණලා ආවට පස්සේ 'ආ... දැන් ඒ සල්ලි ටික ඔක්කොම මෙහෙට පූජා කරපං' කිව්වලු. පූජා කරාලු. 'දැන් භජන් කිය කිය හිටපං හරියයි' කිව්වලු.

මොනතරම් සංවේගදායකද....!

එතකොට බලන්න ඒ නොදන්නාකම අපේ ජීවිත වලට මොනතරම් සංවේගදායක තත්වයක් අත්කරලා දෙනවද? බැලූ බැලූ අත සංවේගදායකයි. බුදුරජාණන් වහන්සේගේ ධර්මය විවෘත නැති තාක් කල් මේ අර්බුදය තියෙනවා. ඇයි ලෝකයා දන්නෙත් නෑනේ මේකෙන් එතෙර වෙන්නේ කොහොමද? අවබෝධ කරන්නේ කොහොමද? කියලා. දැන් බලන්න හිතලා අපි අවුරුදු කීයක් තිස්සේ මේවා ඉගෙන ගන්නවද? ඒත් හිතට යන්නෙ නෑ.

කවුරුහරි කිව්වොත් එහෙම 'අතන්ට යමං.... ඉක්මණට හරි ගස්සලා දෙන්න පුළුවන්. ඉක්මනට මගඵල දෙනවා' කියලා අපේ හිත පෙළඹෙනවා එතන්ට යන්න. අපේ ප්‍රඥාව නොවැඩෙන තාක් කල්ම ඒ වගේ දේවල් අපට තියෙනවා. බලන්න ඒ අනතුරු හැම එකකින්ම බුදුරජාණන් වහන්සේ අපව නිදහස් කරලා දෙන හැටි. උන්වහන්සේ කොයිතරම් කරුණාවකින්ද ශ්‍රාවකයන්ට මේ ගැන පහදලා දෙන්නේ.

කලබල නොවිය යුතුයි. උත්සාහය අත්නොහැරිය යුතුයි....

දැන් මේ එක එක ප්‍රත්‍යයට කරුණු හතර බැගින් කරුණු හතළිස් හතරක් අපි ඉගෙන ගත්තා. අපිට ඉස්සෙල්ලාම ඤාණයක් ඇතිකරගන්න බෑනේ. අපි ඉස්සෙල්ලාම කරන්න ඕනෙ මේක අහලා අහපු කාරණය පැහැදිලි කරගන්න එකයි. ඊට පස්සේ පැහැදිලිව මතක තියාගන්න අමාරු නිසා එක්කෝ සටහන් කරගන්න ඕන. ඊට පස්සේ ටික ටික ඒක මතකයට ගන්න මහන්සි ගන්න ඕන.

ඊට පස්සේ මේ කියන දේ ඒ විදිහට සිද්ධ වෙනවා බැලීමට උත්සාහ ගන්න ඕන. එතකොට මේ පටිච්ච සමුප්පාදයේ හැම ප්‍රත්‍යයක්ම නිරුද්ධ වෙන්නේ ආර්ය අෂ්ටාංගික මාර්ගයෙන් පමණයි කියන අදහසම අපි දියුණු කරගෙන දියුණු කරගෙන යනකොට කොයි වෙලාවේ හරි අපි ආර්ය අෂ්ටාංගික මාර්ගයට බැසගන්නවා. ආර්ය අෂ්ටාංගික මාර්ගයට බැසගත්තු ගමන් සෝවාන්. වෙන ක්‍රමයක් මේකේ නෑ.

සෝවාන් වෙන්න ඔන්න මෙන්න තියෙද්දි ගැස්සිලා ගියා....

මට මතකයි දවසක් එක භාවනා වැඩසටහනකට ගියපු අම්මා කෙනෙක් මෙහේ ඇවිල්ලා හරීයට අඬන්න පටන් ගත්තා. මං ඇහුවා ඇයි කියලා. 'අනේ ස්වාමීනී, මං සෝවාන් වෙන්න ඔන්න මෙන්න තියලා ඒක ගැස්සිලා ගියා' කියලා කිව්වා. මං ඒ කොහොමද කියලා ඇහුවා. 'මම භාවනා වැඩසටහනකට සහභාගී වෙලා හිටියා. මං ඉතින් කකුල අමාරු නිසා කකුල පොඩ්ඩක් දික් කරලා ආයෙ හදාගත්තා' කිව්වා.

ඊට පස්සේ ඒ අම්මා කමටහන් දෙන ස්වාමීන් වහන්සේ ළඟට ගියාම 'අයියෝ, වැඩේ කාගත්තා. මේ සෝවාන් වෙන්න ඔන්න මෙන්න තියෙද්දි කකුල හොල්ලලා ඒක නැති කරගත්තයි' කිව්වලු. ඉතින් ඒ අම්මා එදා ඉඳන් ඒකට කණගාටු වෙවී ඉන්නවා. එතකොට 'ඔයා සෝවාන්.... ඔයා සකදාගාමී.... ඔයා අනාගාමී....' කියලා වෙන කෙනෙක් නම් දෙන්නේ එහෙනම් ඒකේ හිමිකාරයා ඒ දීපු එක්කෙනා. එතකොට මේ ආර්ය අෂ්ටාංගික මාර්ග යෙන් එලක් නෑනේ.

බුදුරජාණන් වහන්සේ තමයි ධර්මස්වාමී....

බුදුරජාණන් වහන්සේ තමයි ධර්මයේ හිමිකරු. උන්වහන්සේ තමයි විස්තර කරලා දෙන්නේ මේවා. යම්කිසි කෙනෙකුට මේ ධර්මය ගැනත් ඤාණයක් තියෙනවා නම් අනුව ගිය ඤාණයකුත් තියෙනවා නම් එයා මුළාවෙන්නේ නෑ. අපි කියමු කවුරුහරි 'යමං යන්න... මෙන්න මෙහෙම අවබෝධ වෙච්ච කෙනෙක් ඉන්නවා'

කියලා තමන්ව එක්කගෙන යනවා. අපිත් එයත් එක්ක ගිහිල්ලා අර අවබෝධ වුනා කියන පුද්ගලයා කියන එක අහගෙන ඉන්නවා.

දැන් තමන්ට ශ්‍රැතයක් තිබුනා නම් අහගෙන ඉන්න එක වැරදියි නම් වැරදියි කියලා තමන්ට තේරුම් ගන්න බැරිද? අහගෙන ඉන්න එක හරි නම් හරියි කියලා තේරුම් ගන්නත් බැරිද? එතකොට අහගෙන ඉන්න එක හරිද? එහෙම නැත්නම් අහගෙන ඉන්න එක වැරදිද? කියන දෙකම තේරුම් ගන්න උදව් වෙන්නේ තමන්ට තියෙන මේ ධම්මේ ඤාණයත් අන්වයේ ඤාණයත්. මේ දෙකම නැත්නම් තමන්ට හිතෙන්න පුළුවන් 'එහෙනම් අරයා වෙනත් ක්‍රමයකින්වත් අවබෝධ කරලා වත්ද' කියලා.

වෙනත් ක්‍රම නෑ....

ඇයි දවසක් අර පාථික කියන තවුසා බුදුරජාණන් වහන්සේත් එක්ක තරඟෙට ඉර්ධි ප්‍රාතිහාර්ය පාන්න එනවා කිව්වහම බුදුරජාණන් වහන්සේ වදාළානේ 'ඔය පාථිකට මගේ ළඟට එන්න බෑ ඔය දෘෂ්ටිය නැති කරන්නෙ නැතුව' කියලා. එතකොට සුනක්ඛත්ත කිව්වා 'හා හා ස්වාමීනී, එහෙම කියන්න එපා. ඔය පාථික වෙනත් වේශයක් අරන් ආවොත්, සතෙකුගේ වේශයක් අරන් ආවොත් එතකොට මුලිච්චි වෙනවා නොවැ' කියලා කිව්වා. ඒ කිව්වේ ශ්‍රද්ධාව නැති එක්කෙනා මේ ක්‍රමයෙන් නැතුව වෙනත් ක්‍රමයකින් මේක අවබෝධ කරන්න පුළුවන් නේ කියලා මුළා වෙනවා.

නමුත් වෙනත් ක්‍රමයක් නෑ කියලා මේ ඤාණවත්ථු සූත්‍රයේ පැහැදිලිව තියෙනවා. අපි දැන් දවස් කීපයක්

තිස්සේ පටිච්ච සමුප්පාදය ගැන ඉගෙන ගන්නවා. අද අපි පටිච්ච සමුප්පාදයේ එක් එක් ප්‍රත්‍යයන් ගැන ඉගෙන ගත්තා. ඊළඟට ඒ ඒ ප්‍රත්‍යයන්ගේ හටගැනීම ගැන ඉගෙන ගත්තා. ඊළඟට ඒ ඒ ප්‍රත්‍යයන්ගේ නිරෝධය ඉගෙන ගත්තා. ඊළඟට ඒ ඒ ප්‍රත්‍යයන් නිරුද්ධ වෙන ප්‍රතිපදාව ගැන ඉගෙන ගත්තා.

නුවණින් මෙනෙහි කරන්න බාධාවක් නෑ....

දැන් බලන්න කෙනෙක් මේ විදිහට මේ ධර්මය තේරුම් ගත්තට පස්සේ එයා දෙවියන් අතරට ගියත් මේ පටිච්ච සමුප්පාදය මෙනෙහි කරන්න එයාට මුකුත් බාධාවක් තියෙනවද? නෑනේ. එයා බ්‍රහ්ම ලෝකෙ ගියත් පටිච්ච සමුප්පාදය නුවණින් මෙනෙහි කරන්න එයාට බාධාවක් තියෙනවද? නෑනේ. ඇයි බුදුරජාණන් වහන්සේ මනාකොට දේශනා කරපු ධර්මය මෙනෙහි කිරීමට මේ ලෝකෙ තැනකින් තැනට බාධාවක් නෑ.

මෙතන පුලුවන් වෙලා අතන බැරි වෙන්නෙ නෑ. ප්‍රඥාව දියුණු කරන්න පුළුවන් කොතනද එතන පුළුවන්. තිරිසන් ලෝකෙ බෑ. ඇයි බැරි කුසල් වැඩීමක්, ප්‍රඥාවක්, හොඳ නරක කතාවක් තිරිසන් ලෝකෙ නෑ. ප්‍රේත ලෝකෙත් බෑ. ඇයි බඩගින්නේ ඉන්නේ. මේ ධර්මය මෙනෙහි කරන්න තරම් ප්‍රඥාවක් නෑ. නිරයෙත් බෑ. ඇයි ඒ හැම එකක්ම අකුසල් වල උප්පත්ති නේ.

ස්වීප් එකක් ඇදෙනවා වගේ තමයි මනුස්ස ජීවිතයක් ලැබීම....

පින්වත්නි, දැන් අපි ස්වීප් එකක් ගන්නකොට ගන්නේ 'මේක ඇදුනෙ නැති වුනාට කමක් නෑ. ඊළඟට

එක ඇදේවා' කියලා අදහස් කරලද? නෑ. 'අනේ මේ පාරවත් මේක ඇදියං' කියලා තමයි ස්වීප් එක ගන්නේ. එහෙම ගත්ත පමණට ඇදෙනවද? නෑ. අපි කියමු ඔහොම අරගෙන යනකොට කලාතුරකින් කෙනෙකුට ස්වීප් එකක් ඇදෙනවා. ඊට පස්සේ ආයෙත් ගන්නකොට ආයෙත් ඇදෙනවද? නෑ.

මේ ස්වීප් එකක් ඇදෙනවා වගේ තමයි සතර අපායේ වැටි වැටී හිටපු අපට මනුස්ස ලෝකෙ උපදින්න ලැබීම. ඉතින් මේ අවස්ථාවේ අපි අකුසල් වලට යට වෙලා මේ නිර්මල ධර්මයට හිතේ පැහැදීම ඇතිකර ගන්න තියෙන අවස්ථාව අපි අහිමි කරගත්තොත් ආයෙමත් අපිට විශාල දුක් කන්දරාවකට වැටෙන්න වෙනවා. සතර අපායට යමෙක් වැටෙනවා නම් වැටෙන්නේ ම ප්‍රඥාවෙන් තොරව, නුවණ නැතුව, කුසල් අකුසල් හඳුනග න්නෙ නැතුව කටයුතු කිරීමෙන්මයි.

කිසිවක් නැති දුක්ඛිත තැනක උපදිනවා....

සමහරු තමන්ගේ කල්පනා කරන්න පුළුවන් හැකියාව යොදනවා තව කෙනෙකුට හිංසා කරන්න. කතා කරන්න පුළුවන් හැකියාව යොදනවා තව කෙනෙකුගේ පවුල කඩාඉහිරුවන්න. අතින් පයින් වැඩ කරන්න පුළුවන් හැකියාව යොදනවා සතුන් මරන්න, හොරකම් කරන්න, වැරදි කාම සේවනයට. ඊළඟට අධාර්මික විදිහට ජීවත් වෙන්න උගත්කම යොදනවා. එතකොට ඊළඟ ආත්මේ ඒ කිසිවක්ම නැති තැනක ගිහිල්ලා උපදිනවා. කතා කරන්න බැරි තැනක, අතපය හසුරුවන්න බැරි තැනක, නුවණක් නැති තැනක, කෑමක් බීමක් නැති තැනක, දුක්ඛිත තැනක උපදිනවා.

ඇයි ඒවා ලැබිච්ච අවස්ථාවේ එයා ඒ ඔක්කොම පාවිච්චි කරලා තියෙන්නේ අයහපත පිණිස, අන් අයට දුක පිණිස, පීඩාව පිණිස. දැනුම පාවිච්චි කළොත් අන් අයට හිංසා පීඩා කිරීම පිණිස තමන්ට ආයෙ ඊළඟ ආත්මේ දැනුම නෑ. වචනය පාවිච්චි කළොත් අවුල් හදන්න, පවුල් කඩාකප්පල් කරන්න, කේළම් කියන්න ඊළඟ ආත්මේ වචන නෑ. කය පාවිච්චි කළොත් සතුන් මරන්න, හොරකම් කරන්න, වැරදි කාම සේවනයේ යෙදෙන්න ඊළඟ ආත්මේ අතපය නෑ. බඩ ගගා යන්න වෙන්නේ.

නුවණ තියෙන කෙනා පරිස්සම් වෙනවා....

හරි පුදුම විදිහට පුද්ගලයාගේ ක්‍රියාව විසින් අනාගතයට තීන්දුව දෙනවා. පුද්ගලයාගේ ක්‍රියාව විසින් අනාගතයට තීන්දුව දෙනවා කියලා කෙනෙක් දැනගත්තට පස්සේ එයා ඒකෙන් පරිස්සම් වෙනවා. එහෙම පරිස්සම් වෙන්නේ නුවණ තියෙන කෙනෙක් විතරයි. එහෙනම් මේ ධර්මය තියෙන්නේ කාටද? නුවණ තියෙන අයටයි. ප්‍රඥාවන්තයන්ටයි මේ ධර්මය තියෙන්නේ. ඒ නිසා අපටත් ප්‍රඥාවන්තයන් බවට පත්වෙලා, මේ පටිච්ච සමුප්පාද ධර්මය අවබෝධ කරගන්න වාසනාව ලැබේවා!

සාදු! සාදු!! සාදු!!!

මහාමේඝ ප්‍රකාශන

www.ingramcontent.com/pod-product-compliance
Lightning Source LLC
Chambersburg PA
CBHW070536030426
42337CB00016B/2229